지난 11년간 함께했던 페이스북 친구님들

변함 없는 응원 감사합니다.

새로운 대한민국으로 보답하겠습니다.

2021. 8.

이 재 명

이재명
페이스북

Magic House
마 법 의 책 공 장

이재명 페이스북

초판 1쇄 인쇄 2021년 8월 25일
초판 1쇄 발행 2021년 9월 3일

엮 은 이 백승대 이송원 이수현
디 자 인 김민성
펴 낸 이 백승대
펴 낸 곳 매직하우스

출판등록 2007년 9월 27일 제313-2007-000193
주   소 서울시 마포구 모래내로7길 38 605호(성산동, 서원빌딩)
전   화 02) 323-8921
팩   스 02) 323-8920
이 메 일 magicsina@naver.com
I S B N 979-11-90822-16-9

• 책값은 표지 뒤쪽에 있습니다.
• 파본은 본사와 구입하신 서점에서 교환해드립니다.

이재명
페이스북

백승대 · 이송원 · 이수현 엮음

Magic House
마법의책공장

<추천사>

이재명의 생각 창고,
시민과의 소통 창구

저에게 페이스북은 시민들을 만나는 통로이자 소통 창구였습니다. 제가 페이스북을 처음 시작한 날은 2010년 9월 20일, 성남시장에 당선된 지 얼마 지나지 않은 때였습니다. 그로부터 벌써 만 11년의 시간이 흘렀습니다. 그동안 정말 많은 분께서 제 이야기를 들어주셨습니다. 때로는 공감의 응원을, 때로는 반론의 의견을 주고받으며 인간 이재명도 정치인 이재명도 더 성숙해지는 시간이 되었다고 생각합니다.

이 공간 속에는 정치인 이재명과 인간 이재명의 생각이 고스란히 담겨 있습니다. 정치 · 경제 · 노동 · 사회 · 문화 · 인권 등에 관한 어쩌면 무거운 얘기도 있고, 추억담이나 소소한 일상 같은 가벼운 얘기도 많습니다.

『이재명 페이스북』은 2018년 경기도 지사에 취임한 이후 제가 페이스북에 올렸던 글들을 엮은 책입니다. 새로운 경기, 공정한 세상을 만들고자 달려왔던 3년간의 생각과 기록들이 담겨 있습니다. 말이 3년이지 그동안 수많은 일이 있었고, 그만큼이나 많은 글을 페이스북에 올렸습니다. 그 글들을 한 권의 책으로 정리하는 과정이 결코 쉽지 않았을 것 같습니다.

한 사람의 현재를 이해하고 미래를 예측하려면 그 사람이 걸어온 걸음을 살펴야 합니다. 이 책에는 현재의 거울에 비친 이재명의 과거가 있습니다. 이 책에 담긴 기록들이 공정한 세상을 꿈꾸고 함께 사는 세상을 만들고픈 정치인 이재명을 조금 더 잘 이해하는 단초가 될 거라 생각합니다.

이 책이 나오기까지 애써주신 매직하우스 백승대 대표님, 공동 엮음 저자로 참여하신 이송원, 이수현 님께 감사의 마음을 전합니다.

고맙습니다.

2021년 8월 20일

이재명

제20대 대통령선거
민주당 후보경선 출마선언문

새로운 대한민국! 이재명은 합니다!

존경하는 국민 여러분!

사랑하는 당원동지 여러분!

"대한민국은 민주공화국이다."

"대한민국의 주권은 국민에게 있고,

모든 권력은 국민으로부터 나온다."

대한민국 헌법 1조를 읽으며

두렵고 엄숙한 마음으로

20대 대통령선거 출마를 선언합니다.

국가의 존재이유

국가를 만들고 함께 사는 이유는

더 안전하고 더 나은 삶을 위해서입니다.

주권의지를 대신하는 정치는

튼튼한 안보로 국민의 생명과 안전을 지키고,

공정한 질서 위에 국민의 더 나은 삶을 일궈내야 합니다.

특권과 반칙에 기반한 강자의 욕망을 절제시키고

약자의 삶을 보듬는 억강부약 정치로

모두 함께 잘 사는 대동세상을 향해가야 합니다.

오늘의 대한민국이 위기입니다.

국민의 피와 땀으로 대한민국은 선진국이 되었습니다.

우리 기성세대는 현실은 척박해도 도전할 기회가 있고,

내일은 더 나을 것이라 믿어지는 세상을 살았습니다.

그러나 오늘날 대한민국 국민의 삶은

위기를 맞고 있습니다.

취약계층이 되어버린 청년세대의 절망이

우리를 아프게 합니다.

국민의 위기는 곧 국가의 위기입니다.

'오늘은 어제보다 더 안전해졌는가.

내일은 오늘보다 더 나을 것인가'라는

국민의 질문에 정치는 답해야 합니다.

에너지대전환과 디지털대전환이

산업경제재편 뿐 아니라

일상생활의 틀마저 바꾸도록 요구하는 것도

또 다른 위기입니다.

위기의 원인은 불공정과 양극화입니다.

누군가의 부당이익은 누군가의 손실입니다.

강자가 규칙을 어겨 얻는 이익은

규칙을 어길 힘조차 없는 약자의 피해입니다.

투기이익 같은 불공정한 소득은

의욕을 떨어뜨리고,

불평등과 양극화를 키웁니다.

어느 때보다

더 많은 자본,

더 나은 기술,

더 훌륭한 노동력,

더 튼실한 인프라를 갖추었음에도

우리가 저성장으로 고통 받는 것은

바로 불공정과 불평등 때문입니다.

불평등 양극화는

상대적 빈곤이라는 감성적 문제를 넘어,

비효율적 자원배분과 경쟁의 효율 악화로

성장동력을 훼손하고

경기침체와 저성장을 부릅니다.

저출생, 고령화, 실업,

갈등과 균열,

사교육과 입시지옥 같은

모든 문제는

저성장에 의한 기회빈곤이 주된 원인입니다.

투자만 하면 고용, 소득, 소비가 늘어

경제가 선순환하던 고도성장 시대는 갔습니다.

지금은 투자할 돈은 남아돌고

성장해도 고용이 늘지 않습니다.

줄어든 기회 때문에 경쟁이 과열되고

경쟁과열은 불공정에 대한 불만을 분노로 바꿉니다.

이제 승자만 생존하는 무한경쟁 약육강식이 일상이 되었습니다.

풀 수 없는 매듭은 자르고,

길이 없는 광야에는 길을 내야 합니다.

사람이 만든 문제는 사람의 힘으로 얼마든지 해결할 수 있습니다.

정치의 요체는 이해관계 조정이기 때문에

더 많은 사람에게 더 많은 혜택이 돌아가는 개혁정책일수록

기득권 반발은 그만큼 더 큽니다.

정치는 아이디어 경진대회가 아니고 정책에는 저작권이 없습니다.

수많은 정책 중에서 가장 효율적인 정책을 선택하는 것은
용기와 결단의 문제이고, 강력한 추진력이 있어야
개혁정책이 성공할 수 있습니다.

공정성 확보가 희망과 성장을 가능하게 합니다.

역사적으로 공정한 나라는 흥했고
불공정한 나라는 망했습니다.
공정한 사회에는 꿈과 열정이 넘치지만,
불공정한 사회는 좌절과 회피를 잉태합니다.
규칙을 지켜도 손해가 없고
억울한 사람도 억울한 지역도 없는 나라,
기회는 공평하고, 공정한 경쟁의 결과
합당한 보상이 주어지는 사회여야 미래가 있습니다.
공정성 확보,
불평등과 양극화 완화,
복지확충에 더해서,
경제적 기본권이 보장되어
모두가 최소한의 경제적 풍요를 누리는 사회여야
지속적 성장과 국민의 더 나은 삶이 가능합니다.

강력한 경제정책이 대전환위기를 기회로 만듭니다.

경제는 민간과 시장의 몫이지만,

대전환시대의 대대적 산업경제구조 재편은

민간기업과 시장만으로 감당하기 어렵습니다.

대공황시대 뉴딜처럼

대전환시대에는 공공이 길을 내고

민간이 투자와 혁신을 감행할 수 있게 해야 합니다.

규제합리화로

기업의 창의와 혁신이 가능한

자유로운 공간을 확보해야 합니다

미래형 인적자원 육성시스템으로

기초 및 첨단 과학기술을 육성하고

문화 컨텐츠 강화를 위해 문화예술 지원을 확대해야 합니다

대대적 인프라 확충과 강력한 산업경제 재편으로

투자기회 확대와 신성장동력을 발굴하고

새로운 일자리와 지속적 공정성장의 길을 열어야 합니다.

반걸음 늦으면 끌려가지만,

반걸음 앞서면 위기를 기회로 활용할 수 있습니다.

전세계적 위기는

우리 경제가

과거의 고단한 추격경제에서

선도경제로 나아갈 절호의 기회입니다.

한반도평화경제체제 수립,

대륙을 여는 북방경제활성화도

새로운 성장에 큰 힘이 될 것입니다

지금은 이재명! 이재명은 합니다!

약속을 어겨도 제재가 없는 정치에선 공약위반이 다반사이고,

그래서 정치는 불신과 조롱의 대상입니다.

전문가 몇 명이면 그럴듯한 공약은 얼마든지 만들 수 있습니다.

현재의 거울에 비친 과거가 바로 미래입니다.

누군가의 미래가 궁금하면 그의 과거를 보아야 합니다.

저 이재명은 지킬 약속만 하고 한번 한 약속은 반드시 지켰습니다.

성남시장 8년, 경기도지사 3년 동안

공약이행률이 90%를 넘는 이유입니다.

주권자 중심의 확고한 철학과 가치,

용기와 결단, 강력한 추진력으로 저항을 이겨내며

성과로 증명했습니다.

위기를 이겨온 사람만이

위기를 극복할 수 있습니다.

기회는 누구나 활용하지만,

위기를 기회로 바꾸는 것은

아무나 할 수 없는 일입니다.

위기가 더 많았던 흙수저 비주류지만

위기를 기회로 바꾸며 성과를 만들어 온

저 이재명이야말로

위기의 대한민국을 희망민국으로 바꿀 수 있습니다.

청년배당으로 난생처음 과일을 사먹었다는 청년,

극저신용대출 덕에 다시 살아보기로 했다는 한부모 가장,

재난기본소득 때문에 가게 문을 닫지 않았다는 소상공인,

경기도의 도움으로 체불임금을 받아 행복하다는

알바 청소년을 기억하겠습니다.

여성들이 안전에 불안을 느끼고

차별과 경력단절 때문에 고심하지 않는 나라,

노력과 능력에 따라 개천에서도 용이 나는 나라,

죽음을 무릅쓰고 노동하지 않는 나라,

과도한 경쟁 때문에 친구를 증오하지 않아도 되는 나라,

사교육비에 부모님 허리가 휘지 않고

공교육만으로도 필요역량을 충분히 키우는 나라를 만들겠습니다.

배고픔에 계란을 훔치다 투옥되는 빈민,

세계 최고의 빈곤율에 시달리며

불안한 노후에 고심하는 노인,

생활고와 빚더미로 세상을 버리는 일가족이

더이상 뉴스에 나지 않게 하겠습니다.

불가능해 보이던 계곡 불법시설을 정비한 것처럼,

실거주 주택은 더 보호하되

투기용 주택의 세금과 금융제한을 강화하고,

적정한 분양주택 공급, 그리고 충분한 기본주택 공급으로

더이상 집 문제로 고통받지 않게 하겠습니다.

대전환의 위기를 경제재도약의 기회로 만드는

강력한 경제부흥정책을 즉시 시작하겠습니다.

획기적인 미래형 경제산업 전환으로

양질의 일자리를 늘리고

국가재정력을 확충해

보편복지국가의 토대를 만들겠습니다.

기본소득을 도입해서, 부족한 소비를 늘려

경제를 살리고,

누구나 최소한의 경제적 풍요를 누리며

하고 싶은 일을 하는 사회를 만들겠습니다.

더 많은 문화예술체육 투자로

건강한 국민이 높은 수준의 문화예술을 만들고 즐기는

세계 속 문화강국을 만들겠습니다.

충분한 사회안전망으로 해고가 두렵지 않고,

동일노동 동일임금이 보장되는

합리적 노동환경을 만들겠습니다.

빈자와 부자,

강자와 약자,

중소기업과 대기업,

정규직과 비정규직,

도시와 농어촌,

수도권과 지방 등

온갖 갈등의 영역에서

사회적 대타협을 통해

균형과 상식을 회복하겠습니다.

경쟁이 끝나면

모두를 대표해야 하는 원리에 따라

실력 중심의 차별 없는 인재등용으로

융성하는 새 나라를 만들겠습니다.

한반도는 해양과 대륙 세력의 충돌로

위기와 기회가 공존합니다.

강력한 자주국방력을 바탕으로 국익중심 균형외교를 통해

평화공존과 공동번영의 새 길을 열겠습니다.

진영논리와 당리당략으로 상대의 실패와 차악 선택을 기다리는

정쟁정치가 아니라

누가 잘하나 겨루는 경쟁정치의 장을 열겠습니다.

국민과의 약속은 반드시 지키고,

할 일은 했던 것처럼

실용적 민생개혁에 집중하여

곳곳에서 작더라도 삶을 체감적으로 바꿔가겠습니다.

국민을 가르치는 '지도자'가 아닌

주권자를 대리하는 일꾼으로서

저 높은 곳이 아니라 국민 곁에 있겠습니다.

어려울 땐 언제나 맨 앞에서

상처와 책임을 감수하며 길을 열겠습니다.

대한민국의 민주화,

외환위기 극복,

복지국가 기틀 마련,

한반도평화정착이라는

역사적 성과를 만든 더불어민주당의 당원으로서

현장 속에서 더 겸손하게 국민의 목소리에 귀 기울이는

더 나은 국민정당을 만들겠습니다.

자랑스런 김대중, 노무현, 문재인 정부의 토대 위에

필요한 것은 더하고,

부족한 것은 채우며,

잘못은 고쳐

더 유능한 4기 민주당 정권,

더 새로운 이재명 정부로 국민 앞에 서겠습니다.

존경하는 국민 여러분,

정치적 후광, 조직,

돈, 연고 아무것도 없는 저를 응원하는 것은

성남시와 경기도를 이끌며 만들어낸

작은 성과와 효능감 때문일 것입니다.

실적으로 증명된 저 이재명이

나라를 위한 준비된 역량을 발휘할 수 있게 더 큰 도구를 주십시오.

새로운 대한민국, 더 나은 국민의 삶으로 보답하겠습니다.

위기의 대한민국! 지금은 이재명!

새로운 대한민국! 이재명은 합니다!

감사합니다.

2021년 7월 1일

〈차례〉

제2장 기본소득 기본주택 기본금융

제3장 공정한 대한민국

제4장 함께 가자 우리 이 길을

제5장 자주 통일국가를 향하여

〈편집후기〉

해도 해도 끝이 없고 아무것도 안 해도 별로 드러나지 않는 것이 공직입니다. 공직자의 의지와 열정, 철학과 가치, 용기와 결단이 중요한 이유입니다.

제1장

이재명은 합니다

후원인 여러분을
모십니다

안녕하십니까.

더불어민주당 대통령선거 경선

예비후보 이재명입니다.

새로운 대한민국을 함께 만들어갈

소중한 후원인을 모십니다.

대전환 시대, 위기를 극복해야 합니다.

공정을 회복하고 경제가 성장하는

새로운 대한민국이어야 합니다.

국민의 일꾼으로서

국민 여러분 곁에 함께 하겠습니다.

약속을 지키고 성과로 증명해 왔습니다.

언제나 책임지는 자세로

국민의 작은 목소리에도
귀 기울이겠습니다.
이재명은 합니다!
여러분의 작은 힘이
새로운 대한민국을 만듭니다.
이재명에게 힘을 보태주십시오.
오늘보다 나은 내일,
더 나은 삶으로 보답하겠습니다.
감사합니다.

2021년 7월 9일

부끄럽지 않게
하겠습니다

영화 〈노무현입니다〉에서 특히 인상 깊게 본 장면이 있습니다. "OO씨, 참 힘들어 죽겠다. 다른 게 아니고⋯. 돈." 낙선 국회의원 시절 노무현 대통령께서 보좌관과 여관방에 누워 서글프게 하신 말씀입니다.

과거에 비해 더이상 정치하는 데에 엄청난 돈이 들지는 않습니다. 참여정부 시절 이루어진 일련의 정치개혁 덕분입니다.

그렇다고 저절로 돈이 생겨나지는 않습니다. 오직 주권자의 지지와 성원만이 깨끗한 정치, 부패 없는 정치를 만들 수 있습니다.

매번 느끼지만, 후원 요청은 무척 면구스러운 일입니다. 좋은 평가를 주시는 분도 많지만, 여전히 적잖은 분들께는 저 역시 '그렇고 그런 정치하는 사람'입니다. 최선을 다해 변화를 만들어 왔지만, 주권자의 기대에는 늘 충분치 못합니다.

그럼에도 당당히 요청드립니다. 정치가 검은돈 앞에 작아지지 않게 해 주십시오. 두려움 없이 기득권에 맞설 수 있게 해 주십시오.

말이 아닌 행동으로 증명한 성과를 들고 국민 앞에 섭니다. 보내주신 소중한 마음이 부끄럽지 않게 하겠습니다. 이재명의 후원자임이 자부심 되시도록 하겠습니다.

2021년 7월 10일

대한민국 대전환을 위한 종잣돈,
깊이 감사드립니다

고맙고 또 고맙습니다.

이재명을 후원해달라는 요청에 정말로 많은 분께서 호응해주셨습니다. 후원계좌를 공개한 지 하루 만에 벌써 후원금이 9억 원을 넘어섰습니다. 전체 후원금 중 95.1%는 10만 원 이하 소액입니다. 그만큼 많은 분께서 마음을 내어주셨습니다.

코로나19로 모두가 어려운 시기임에도 불구하고 기꺼이 후원해주신 모든 분께 깊이 고개 숙여 감사드립니다. 후원금에 담긴 귀하디귀한 마음, 무겁게 받들겠습니다.

여러분께서 모아주시는 이 후원금은 위기의 대한민국을 희망 민국으로 바꿀 종잣돈입니다. 반드시 유능한 4기 민주정부를 창출해내겠습니다. 국민 여러분께서 내일에 대한 희망으로 웃을 수 있는 나라로 보답하겠습니다.

2021년 7월 10일

사이다의
조건

저만큼 '사이다'라는 말을 많이 들은 정치인도 없을 것입니다. 제가 원하든 원하지 않든 국민께서 이재명이라는 정치인을 처음 인지하게 된 계기임을 부인할 수 없습니다. 최근에는 '이재명답지 않다'며 '사이다'로 돌아오라는 말씀도 하시지요. 어떤 것이든 애정 어린 말씀이니 감사히 듣습니다.

탄산음료는 금방 갈증이 난다며 좋은 호칭이 아니라고 경계하자는 분도 있습니다. 그러나 국민께서 그렇게 생각하시면 그런 것이지요. 대리인이 거부하고 말고 할 일은 아닙니다.

다만 한 가지 경계하는 것은 있습니다. 저 스스로에게도 다짐하는 부분입니다. '사이다'라는 말이 그저 거침없이 말하는 것을 의미하지는 않는다는 점입니다. 자칫 '사이다'를 태도론으로만 한정 짓는 것에 대한 경계입니다.

제가 생각하는 사이다의 조건은 누구를 향한, 무엇을 위한 거침없음이냐는 것입니다. 그저 정치적 경쟁자에 대한 직설적인 표현을 국민께서 사이다라고 호응하시지 않습니다.

우리 사회 특권층에 대해 할 말 할 수 있냐, 민생을 가로막는 기득권 구조에 대해 피하지 않고 직면할 수 있느냐가 바로 국민께서 판단하시는 사이다의 조건입니다.

선거라는 것이 늘 그렇습니다. 국민 삶을 바꾸기 위한 치열한 경쟁이 자칫 국민 눈살 찌푸리게 하는 진흙탕 싸움이 되기에 십상입니다. 그러나 그때마다 뭣이 중한지를 기억하는 것은 경쟁의 주체인 정치의 몫일 것입니다. 이재명의 사이다가 어디로 향해야 하는지를 분명히 기억하고 실천하는 것도 오롯이 제 몫입니다.

방법은 어렵지 않습니다. 제가 가야 할 길을 끊임없이 재확인하는 일입니다. 모두가 함께 잘 사는 공정한 세상, 주권자 누구도 먹고사는 문제로 서럽지 않은 세상. 사이다는 오직 그 길 위에서 발현될 때만이 국민께 가닿을 수 있음을 언제나 유념하겠습니다.

2021년 7월 18일

정치와 행정은
용기와 결단의 문제

시장에 반하는 정책이 성공할 수도 없지만, 정부 정책에 역행하는 시장도 존재하기 어렵습니다.

모든 사회 경제 문제는 인간으로 인한 것이고 인간의 문제는 인간의 힘으로 해결할 수 있습니다.

개인 간에 해결 불가능한 문제를 해결하기 위해 구성원 모두로부터 권한을 위임받아 개개인의 의사와 무관하게 모두를 위한 최선의 결과를 만들어내는 것이 정치이고 행정입니다.

불합리한 기존질서를 바꿔 더 나은 결과를 만들어내는 것이 정책이고, 새 정책의 시행은 필연적으로 기존질서에서 이익 보던 기득권자의 저항이 수반됩니다.

반발 없는 정책은 없는 법이니 결국 위임받은 '권한'을 행사하는 정책결정권자의 철학과 의지, 열정과 실력이 정책의 성패 나아가 사회발전의 유무를 결정합니다.

정책결정권자가 의지와 용기만 있으면 법률이 보장하는 합법적 권한만으로도 얼마든지 개혁성과를 만들어 낼 수 있고, 집행자에게 권위와 신뢰가 있으면 강제력 행사에 이르지 않고도 협상과 양보 타협에 의해 얼마든지 목표에 이를 수 있습니다. 수십 년간 손대지 못한 경기도 내 계곡 불법 시설물은 수개월 만에 전부 철거되었는데 이 중 99.7%가 자진철거이고 강제철거는 0.3%에 불과했던 것이 이를 보여줍니다.

결국, 권한을 가진 정책 결정권자의 용기와 결단력이 문제입니다.

다만, 모두를 위해 부여된 권한을 제대로 행사할 때는 엄청난 반발과 비난, 정치적 손실을 감수해야 합니다.

해도 해도 끝이 없고 아무것도 안 해도 별로 드러나지 않는 것이 공직입니다. 공직자의 의지와 열정, 철학과 가치, 용기와 결단이 중요한 이유입니다.

2021년 1월 3일

억강부약으로
국가균형발전의 시대를 열어가겠습니다

사람, 기술, 문화가 골고루 퍼져, 함께 잘 사는 나라. 고 노무현 대통령님의 꿈이었고, 지금은 저의 꿈이 되었습니다.

가끔은 더뎌 보이지만 70년 역사를 돌아보면 대한민국은 기적처럼 빠르게 전진해왔고, 국민이 바라는 것은 세대를 이어가며 반드시 이뤄 왔습니다. 국가균형발전 역시도 저는 머지않아 눈앞의 현실이 될 것이라 봅니다.

지금 우리 국민을 고통과 실의에 빠뜨리고 있는, 부동산 가격 폭등의 근저에도 국토 발전의 불균형이 중요한 배경을 이루고 있습니다. 때문에 평범한 사람들의 꿈이 더는 짓밟히지 않기 위해, 규칙을 지키는 사람들이 손해 보지 않기 위해, 보다 공정한 대한민국으로 나가기 위해서라도 반드시 국가발전의 축을 지역 중심으로 전환해야 합니다.

대한민국은 60년대 이후 압축적 고도성장 과정에서 취해진 수도권 편중 발전정책으로 인해, 대부분의 지방이 특별한 희생을 치러왔습니다. 특별한 희생엔 특별한 보상이 따라야 합니다.

경기도에서도 동서, 남북 간 균형발전은 도정의 핵심과제입니다. 군사 규제, 수도권 규제, 자연보존권역 및 상수원 보호구역 등으로 특별한 희생을 감내해 온 경기 동·북부 지역으로 공공기관을 이전하는 이유는, 17년 전 국가균형발전 시대를 선포했던 노 대통령님의 뜻과 다르지 않습니다.

어느 한쪽에만 자원이 편중되면, 다른 곳의 희생이 불가피하기 때문에 억울함이 생기게 됩니다. 그 억울함을 없애는 가장 좋은 방법은 부족한 곳은 채우고 넘치는 곳은 좀 덜고, 힘센 곳은 누르고 힘이 약한 곳은 부축하는 실질적 균형을 추구하는 것입니다.

연간 수십조의 과밀 비용을 생산적 투자로 전환해 지속성장을 모색하기 위해서도 국가균형발전은 피할 수 없는 과제입니다. 모든 국민이 함께 잘 사는 사회, 억울한 사람도 지역도 없는 공정한 세상을 만들기 위한 유일한 길이 국가균형발전입니다. 경기도가 변함없이 앞장서서 최선을 다하겠습니다.

아울러 '국가균형발전의 날'이 하루빨리 지정되어 균형발전에 대한 국민적 공감대를 확산하고 국가와 지방의 책무를 강화하는 계기가 만들어지기를 바랍니다.

2021년 3월 23일

정치는 **실용적 민생개혁**의
실천이어야 합니다

경기 광명시 소하동에는 완평 이원익 선생 말년의 거처인 관감당(觀感堂)이 있습니다. 이 관감당은, 청백리였던 이원익 선생이 다섯 차례나 영의정을 지내고도 퇴직 후 비가 새는 두 칸 띠집 (편집자 주: 풀로 지붕을 얹은 집을 말하는데 일반적으로 짚을 사용하지만, 억새 (갈대)나 기타 키가 큰 풀을 이용하기도 한다.)에 사는 것을 알게 된 인조가 '모든 관료들이 보고(觀) 느끼도록(感) 하라'는 뜻으로 지어준 것입니다.

이원익 선생은 광해군 1년에 경기선혜법(경기도 대동법)을 시행함으로써 조선시대 최고의 개혁인 대동법의 초석을 놓았습니다. 선생은 "백성이 오직 국가의 근본"이고 "그 밖의 일들은 전부 군더더기일 뿐"이라며, 민생 문제의 해결을 정치의 첫 번째 임무로 강조하였습니다. 그런 그가 있었기에 대동법은, 기득권층의 강력한 반대와 인조 대의 삼도 대동법(충청, 전라, 강원) 실패에도 불구하고 숙종 대에 이르러 전국에서 꽃을 피웁니다.

결국, 정치는 더 나은 세상을 실천적으로 만들어가는 과정이라고 믿습니다. 그래서 정치에선 작든 크든 민생에 도움되는 실질적 개혁을 실천하고 있는지 일상적이고 깊은 성찰이 필요합니다. 국민의 기대와 눈높이에 맞게, 민생개혁 목소리의 크기만큼 실제 국민의 삶이 개선되었는지에 대해 국민이 의문을 제기하며 책임을 묻는 지점도 바로 그것이라고 생각합니다.

더 나은 질서와 더 나은 세상을 만드는 것이 정치이고, 정치는 정책으로 구현되는 것이라면, 기존 정책에서 이익을 얻던 이들의 변화에 대한 반발과 저항은 당연한 일입니다. 설득과 타협을 하되 국민이 원하고 해야 할 옳은 일을 관철하라고 부여한 권한을 적절히 행사해야 합니다.

더 효율적인 개혁일수록 저항은 그만큼 큰 법이고, 반발이 적은 작은 개혁도 많이 모이면 개벽에도 이를 수 있습니다.

거창한 것은 시간과 노력, 기득권을 넘기 어려워 포기하고, 작은 것은 시시해서 시도하지 않는다면 세상은 바뀌지 않을 것입니다.

변화는 할 수 있는 작은 것에서 시작됩니다. 민생을 최우선으로 했던 선현들의 대를 이은 노력이 100년에 걸쳐 대동법을 완성했듯이, 티끌만 한 성과를 부지런히 이뤄내면 그것이 쌓이고 쌓여 태산 같은 변화를 만들어낼 것입니다.

그분들께 감히 비할 수 없겠습니다만, 마음만큼은 늘 따라가고자 하루하루를 다잡습니다.

경기도 사업 중에 사소해 보이지만 유독 전국최초가 많은 것은 온갖 영역에서 작을지라도 조금이나마 민생에 도움이 되는 방법은 최대한 찾아내기 때문입니다.

아동복지시설 등에서 보호받다 18세가 되어 시설을 떠나야 하는 보호종료 아동의 자립을 돕기 위한 주거, 자립지원금 증액, 사회적기업 고용기간 연장이나, 산재보험 사각지대에 처한 플랫폼 노동자들의 산재보험료 지원 사업도 작은 것부터라도 바꿔보자는 노력의 일부입니다.

아파트 경비노동자 휴게시설 개선사업, 여성청소년 생리용품 보편지급, 공공개발이익 도민환원제 같은 여러 정책도 마찬가지입니다.

권한과 역할이 제한적이고 비록 세상을 바꾸기엔 턱없이 부족한 작은 시도일지라도 당사자들에게는 절실한 민생 문제입니다.

일을 추진하다 보면 수술실 CCTV 설치처럼 높고 두꺼운 기득권의 벽을 만나기도 하지만 포기할 수는 없습니다. 기득권에 굴복하면 변화는 요원하기 때문입니다.

앞으로도 할 수 있는 작은 변화를 꾸준히 만들어내는 것에 집중하겠습니다. '민생을 해결하는' 정치의 효용성에 대한 신뢰를 되찾을 수 있다면, 벽이 아무리 높다 해도 포기하지 않겠습니다.

지금 해야 할 일은 낮은 자세로 주권자를 두려워하며, 국민의 삶을 개선하기 위해 작든 크든 '실용적 민생개혁 실천'에 끊임없이 매진하는 것입니다.

2021년 4월 20일

이재명 정부에서는
불법하도급, 원청의 책임 회피,
절대 용인하지 않을 것입니다

경찰이 광주 동구에서 발생한 철거건물 붕괴참사에 대한 중간 수사 결과를 오늘 발표했습니다.

경찰은 사고 원인으로 안전불감증에 기반한 무리한 철거 방법 선택, 감리·원청 및 하도급업체 안전 관리자들의 주의의무 위반 등이 복합적으로 작용했다고 판단했습니다. 한마디로 명백한 '인재'라는 것입니다.

대한민국이 선진국 반열에 올랐는데도 이런 후진적인 참사가 벌어진 걸 보며 참담한 심경입니다.

법을 어길 때 생기는 이득이 처벌·제재로 인한 손실보다 크기 때문에 이런 참사가 반복됩니다. 이번 일도 마찬가지입니다. 불법 재하도급 사실을 인지하고도 이를 묵인한 정황이 드러났지만, 시공사 현대산업개발에 대한 처분은 미미합니다.

근본적인 문제 해결을 위해서는 법 위반 시 형사책임을 엄정히 부과하고 이익을 못 보도록 강력히 징벌해야 합니다. 이와 함께 행정기관의 철저한 단속이 따라야 합니다.

현재는 근로감독 권한을 중앙정부가 갖고 있고, 근로감독관 숫자도 적어서 철저한 단속이 어려운 실정입니다. 근로감독관 숫자를 대폭 늘리거나, 근로감독 권한을 공유해 지방정부가 단속할 수 있도록 해야 합니다.

그간 국회와 중앙정부에 수차례 근로감독 권한 공유를 건의했지만, 아직 결실을 보지 못하고 있어 안타깝습니다. 시간이 지체되면 될수록 피해만 커질 뿐입니다. 더이상 미루지 말고 이제라도 속히 나서주시길 거듭 당부드립니다.

지난 1월 중대재해로부터 국민의 생명과 안전을 지키기 위해 중대재해특별법을 만들었지만, 이번 붕괴 참사는 법의 사각지대에 놓여있습니다. 신속하게 법을 개정해 해체공사를 포함한 건설 현장에서 발생하는 중대재해 예방으로 노동자와 시민들의 안전을 확보해야 합니다.

지난 24일, 광주 방문 시 만났던 희생자 유족과 부상자 가족의 호소를 잊을 수 없습니다. 참사가 벌어진 지 수십 일이 지났지만 아직까지도 책임자에 대한 처벌이나 피해 보상, 그리고 제도적인 문제가 해결되지 않아 힘들어하시는 모습을 보며 무척 안타까웠습니다.

그분들의 눈물을 닦아줘야 합니다. 그게 정치가 할 일입니다.

철저한 진상조사, 책임자 처벌, 신속한 피해 보상, 재발 방지를 위한 제도 마련까지 할 수 있는 모든 노력을 기울이겠습니다. 다시는 이런 후진적인 참사로 우리 국민께서 눈물 흘리지 않는 나라, 꼭 만들겠습니다.

2021년 7월 28일

서울만 갈 수 있다면 모로 간들 어떠리,
'공정벌금'은 어떻습니까?

　재산이든 소득이든 재산 소득 모두이든 벌금은 경제력에 비례하는 것이 실질적 형평에 부합하고 제재의 실효성을 확보합니다.

　'경제력비례벌금제'는 수십 년 전 서구 선진국이 도입한 제도입니다. 스위스는 과속 벌금으로 경제력에 따라 최고 11억을 내게 한 일이 있고, 핀란드 노키아 부사장은 과속으로 2억 원 넘는 벌금을 냈습니다. 아이슬란드와 노르웨이는 기본벌금에 연간 소득 10%가 추가된다고 합니다.

　기초생활수급자의 5만 원과 수백억 자산가나 억대 연봉자의 5만 원은 제재 효과에서 현저한 차이가 있습니다. 하루 몇만 원 버는 과일 행상의 용달차와 고소득자산가의 취미용 람보르기니의 주차위반 벌금 5만 원이 같을 리 없습니다.

　재산비례벌금, 소득비례벌금, 소득재산비례벌금, 경제력비례벌금, 일수벌금 등 명칭이 무슨 상관이겠습니까? 벌금의 실질적 공정성 확보 장치인 만큼 명칭 논쟁도 많으니 그냥 '공정벌금' 어떻습니까?

모로 가도 서울만 가면 되고, 명칭보다는 실질이 중요합니다. 이름은 어떻게 붙여도 상관없습니다. 저 역시 벌금비례 기준으로 재산과 소득 모두여야 한다고 고집할 생각이 전혀 없습니다. 재산 아닌 소득만 비례해야 한다는 국민의힘 주장도 대환영이며, 국민의힘이 경제력비례벌금제도를 동의하시는 것만도 감지덕지입니다.

재산비례벌금제나 일수벌금제로 불리는 '공정벌금'은 전두환, 노태우 정권, 노무현 정부에서도 논의되었고, 문재인 정부의 공약이기도 합니다. 그러나 번번이 재산파악과 기준설정이 어렵다는 이유로 도입에 실패했습니다.

완전공정에 이를 수 없다고 완전불공정에 머무르자는 것은 거부의 다른 말입니다. 첫술 밥에 배부르지 않고 천 리 길도 한걸음부터인 것처럼, 완전공정이 어렵더라도 조금이나마 더 공정할 수 있다면 개선하는 것이 정의롭습니다.

자산과 수입 기준으로 납부금을 정하는 건강보험과 국민연금은 기준이 완벽해서가 아닙니다. 정확하지 않으니 하지 말자는 것은 잡히지 않는 도둑도 있으니 아예 도둑을 벌하지 말자는 것과 비슷합니다.

윤희숙 의원님의 반론과 의견 덕분에 '공정벌금'이 우리 사회 주요의제가 되었으니 진심으로 감사드립니다. 논쟁 과정에서 한 제 표현에 마음 상하셨다면 사과드리며 공정벌금제도 입법화에 적극적으로 나서 주실 것을 부탁드립니다.

2021년 4월 27일

다름은 있더라도
차별화는 없습니다

한 가지 음만 낼 수 있는 악기는 화음의 아름다움을 알 수 없습니다. 서로 다른 소리가 어울려 조화를 이룰 때 비로소 아름다운 화음을 만들어냅니다.

민주주의도 마찬가지입니다. 민주주의는 자로 잰 듯한 칼군무가 아니라, 자유로운 춤의 향연이어야 합니다. 노무현 대통령님께서 당선자 시절부터 퇴임 후까지 토론공화국을 꿈꾸셨던 것도, 결국 '동일함'이 아닌 '다양함'에 기반하는 민주주의 원리 때문일 것입니다.

그렇기에 가장 위험한 신호는 의견이 갈리는 것이 아니라, 아무도 이견을 말하지 않는 상태입니다.

제가 몸담고 있는 민주당은 매우 넓고 다양한 가치관과 정치적 성향의 당원들로 이뤄져 있고, 이것이야말로 시대변화에 적응하고 민주주의와 역사를 이끌어갈 수 있는 최대 강점입니다. 다만 서로 다른 높낮이와 크기를 가진 음이 존재하다 보니 매번 조화로울 수는 없습니다. 때로는 목소리 큰 소수가 전체 목소리인 것처럼 과잉대표되기도 하지만, 이 역시도 민주주의 특성상 감수해야 할 부분이고 그렇기에 더더욱 민주적 원리에 반하는 경향을 경계해야 합니다.

당이 한 사람처럼 움직일 수는 있으나 한 사람의 생각대로 움직여서는 안 됩니다. 민주주의에서는 정답을 생각하는 사람이나 결정권자가 꼭대기에 따로 있는 것이 아니고, 정당도 공동체도 국가도 무수히 많은 다른 생각들이 모이고 경합하며 의사가 만들어지기 때문입니다.

일각에서 최근 제 발언을 두고 정부와 차별화에 나서는 것 아니냐고 갈라치기를 시도합니다. 그러나 저는 민주당의 노선을 계승, 발전시키려는 것뿐입니다. 민주당 정권, 문재인 정부의 일원으로서 모든 공과와 책임을 함께 감당하는 것은 당연한 일입니다.

사람마다 삶의 역정과 생각이 다를 수 있고, 한 사람의 생각조차 수시로 바뀝니다.

그간의 성과 위에 부족한 것은 채우고 필요한 것은 더해 일부 다름은 있겠지만 의도에 의한 차별화는 있을 수 없습니다. 이전의 색채를 지우고 새로운 색채를 추구하는 것이 아니라 청출어

람을 위한 노력에 집중해야 합니다.

누가 뭐래도 민주당은 저의 요람이며 뿌리입니다. 정치 입문 이래 한 번도 당을 떠난 적이 없고, 앞으로도 그럴 생각이 없습니다. 수평적 정권교체의 역사적 과업을 이루신 김대중 대통령님, 권위주의를 청산하고 참여민주주의를 여신 노무현 대통령님, 촛불항쟁의 정신 위에 3기 민주정부를 이끌고 계신 문재인 대통령님께서 앞장서 끌어 오신 수레를 민주당원들과 함께 저 역시 힘껏 밀어갈 것입니다.

2021년 4월 22일

땀의 실질 가치가 보장되는
세상을 열어갑시다

일하는 사람이 이 나라의 주인입니다.

청보리와 아카시아꽃으로 허기 달랬던 시절, 각성제를 삼켜가며 면직물과 가발을 만들어 경제 발전의 초석을 닦았습니다. 이역만리서 흘린 땀으로 쇳물을 녹여 제조업 강국을 세우고, 세계 유례없는 근면함과 교육열로 고도성장의 첨탑을 올렸습니다.

그분들이 없었다면 세계 10위의 경제대국 대한민국은 없었습니다.

나라가 위기에 처했을 때도 일하는 사람들이 앞장서 지켰습니다.

일본 상인들의 횡포에 맞서 1892년 최초의 파업을 기록한 인천부두 두량군 노동조합으로부터, 박정희 유신의 종말을 앞당긴 YH 노조의 신민당사 점거, 87년 노동자 대투쟁으로부터 1700만

촛불항쟁에 이르기까지. 대한민국의 민주주의와 주권은 노동자들에게 큰 빚을 지고 있습니다.

그러나 지금 대한민국의 노동이 위기에 놓였습니다.

가속화되는 디지털 전환과 탈탄소 산업 전환에 따른 대량실업 가능성, 플랫폼노동·특수고용 등 권리 사각지대에 놓인 미조직 노동자의 증가, 저성장시대로의 진입, 대-중소기업 노동자 간 소득격차 확대 등 구조적 난관들이 우리 앞에 있습니다.

더욱이 땀 흘려 일한 근로소득으로는 급격히 벌어지는 자산 격차를 따라갈 수 없어, 대한민국은 땀의 가치가 천대받는 사회로 전락해가고 있습니다.

규칙을 지키지 않는 불로소득자들이 승승장구하는 그런 사회엔 희망이 자리하지 못합니다. 정당한 노동의 대가와 노동자의 권리가 보장받지 못하는 나라에는 더 풍요로운 미래는 없습니다.

경기도는 민선 7기 출범 이후 청소·경비노동자 휴게시설 정비, 건설노동자 임금체불 예방, 비정규직 공정수당 도입, 플랫폼노동자 산재 지원, 취약 노동자 단체 조직화, 노동안전지킴이 확대 등 노동존중 사회 구현을 도정의 핵심 목표로 삼아 매진해 왔습니다.

그러나 아직도 턱없이 부족합니다. 일하는 사람들의 꿈이 더는 짓밟히지 않도록 불로소득자 우위의 사회를 타파하고, 땀의 공정가치와 근로소득의 실질가치가 보장되는 사회를 반드시 열어갈 것입니다.

노동의 존엄함이 곧 인간의 존엄함이기에, 노동이 존중받는 세상을 이루는 것이 공정하고 새로운 세상의 출발점이자 종착역입니다.

2021년 5월 1일

6월의 어머니,
6월의 아버지

"풀잎은 쓰러져도 하늘을 보고

꽃 피기는 쉬워도 아름답긴 어려워라

시대의 새벽길 홀로 걷다가

사랑과 죽음의 자유를 만나

언 강 바람 속으로 무덤도 없이

세찬 눈보라 속으로 노래도 없이

꽃잎처럼 흘러흘러 그대 잘 가라

……."

정호승 시인의 〈부치지 않은 편지〉는 남영동 대공분실에서 죽임을 당한 대학생 박종철 열사에게 바쳐진 시입니다.

6월은 저절로 오지 않았습니다. 김세진, 이재호, 박종철, 박선

영, 표정두, 이한열 열사를 비롯한 너무 많은 희생이 있었고 그들을 헛되이 보내지 않기 위한 수많은 풀잎의 몸부림이 있었습니다.

가장 큰 고통은 자식들을 가슴에 묻고 그 빈자리를 채워야 했던 부모님들의 몫이었습니다. 6월은 그분들께 천 갈래 만 갈래 찢기고 사무치는 아픈 달이 되었습니다.

지난해 6월 10일 이한열 열사의 모친 배은심 여사님은 문재인 대통령님으로부터 국민훈장 모란장을 받으셨습니다. 그리고는 "이소선 어머니는 전태일 옆에 가 계시고 종철이 아버지도 아들과 같이 있어서 나 혼자 오늘 이렇게 훈장을 받습니다."라고 말씀하셨습니다.

숱한 불면의 밤을 보내면서 여사님은 이소선 여사님과 수면제를 쪼개 나눠 드셨습니다. 배은심 여사님은 집회나 농성 현장에선 박정기 선생님과 늘 친남매처럼 함께 하셨지만, 박정기 선생님은 2018년 7월 박종철 열사 곁으로 떠나셨습니다. 어두운 시대를 밝힌 스물셋의 아들을 떠나보내고 아버님도 그 자리를 대신했습니다. 자그마치 30년이었습니다.

인권이 침해당하고 약자가 핍박받는 곳에는 늘 유가협과 민가협의 어머님, 아버님들이 계셨습니다. 우리의 민주주의와 인권은 그분들께 큰 빚을 지고 있습니다. 그분들이 아니었다면 우리는 그렇게 단단하게 모일 수도, 승리할 수도 없었을 것입니다.

자식을 먼저 보낸 아버님은 "아들은 나에게 새로운 세상으로

건너가는 다리를 놓아 주었다."고 하셨습니다. 그리고 아버님, 어머님들께선 더 많은 이들에게 새로운 세상을 보여주는 등대가 되어 주셨습니다.

수많은 6월의 어머님, 6월의 아버님들께 진심 어린 존경과 감사의 마음을 바칩니다. 고귀했던 삶과 죽음을 등대 삼아, 저도 길 잃지 않고 뚜벅뚜벅 걸어가겠습니다. 87년 6월, 수많은 풀잎의 희생으로 이뤄낸 민주주의, 그 토대 위에 더 나은 삶을 위한 경제적 기본권 확대를 위해 최선을 다하겠습니다.

2021년 6월 10일

무엇을 지키려는
검란인가?

'검란'으로 나라가 시끄럽습니다. 일부 검사의 권력남용과 일탈에 따른 인권침해와 약자들의 고통과 눈물을 평생 지켜보았고, 최근까지 검찰권 남용으로 2년 이상 생사기로를 헤맨 사람으로서 검사들에게 묻습니다.

님들이 검란을 통해 지키려는 것은 진정 무엇입니까?

법질서 최후 수호자로서 '10명의 범인을 놓치는 한이 있더라도 한명의 억울한 사람을 만들지 말라'는 법언에 따라 인권보장과 국법질서 유지를 위한 검사의 공익의무를 보장받기 위해서입니까?

아니면 '없는 죄도 만들고 있는 죄도 덮는' 무소불위 권력으로 '죄를 덮어 부를 얻고, 죄를 만들어 권력을 얻는' 잘못된 특권을 지키려는 것입니까?

공익을 위한 행동이라면, 님들의 선배나 동료들이 범죄조작 증거 은폐를 통해 사법살인과 폭력, 장기구금을 저지른 검찰권 남용의 흑역사와 현실은 왜 외면합니까?

정신질환으로 자살교통사고까지 낸 수많은 증거를 은폐한 채 '이재명이 멀쩡한 형님을 정신질환자로 몰아 강제입원을 시도했다. 형님은 교통사고 때문에 정신질환이 생겼다'는 해괴한 허위공소를 제기하며 불법적 피의사실공표로 마녀사냥과 여론재판을 하고, '묻지 않았더라도 알아서 말하지 않으면 거짓말한 것과 마찬가지여서 허위사실공표죄'라는 해괴한 주장으로 유죄판결을 유도했습니다.

이러한 파렴치와 무책임, 직권남용과 인권침해에 대해 관련 검사나 지휘부를 포함한 어느 누구도 책임은커녕 사과조차 없습니다.

국민이 부여한 검찰권으로 고문과 폭력, 증거조작을 자행하며 무고한 국민을 범죄자로 만들어 죽이고 가둔 것은 일반적 살인이나 체포감금보다 훨씬 심각한 중범죄입니다.

21세기 대명천지 대한민국에서 증거 은폐와 범죄조작으로 1,380만 국민이 직접 선출한 도지사를 죽이려 한 검찰이 과연 힘없는 국민에게는 어떻게 하고 있을지 생각하면 끔찍합니다.

선배 동료의 검찰권 남용과 인권침해, 정치적 편파·왜곡 수사에 침묵하는 한, '검란'은 충정과 진정성을 의심받고 검찰개혁 저항과 기득권 사수의 몸짓으로 이해될 수밖에 없습니다.

지금 이 시각에도 많은 검사가 국법질서와 인권의 최종수호자로서 헌법과 국민의 뜻에 따라 소리 없이 정의수호와 인권보호라는 참된 검사의 길을 가고 있을 것으로 믿습니다.

국민이 부여한 검찰권이 오로지 국가와 국민을 위해 공정하고 정의롭게 행사되는 검찰개혁을 응원합니다.

2020년 11월 3일

부정부패 청산에는
예외가 없습니다

불법행정과 부정부패 청산에는 여야나 내편 네편이 있을 수 없습니다.

언론보도나 공익제보 등 부정부패 단서가 있으면 상급기관으로서 법에 따라 당연히 감사하고, 조사결과 책임질 일이 있으면 책임을 물어야 합니다.

남양주시는 내부 제보자에 의해 시장의 채용 비리가 드러나고 경기도 감사결과 부정채용으로 판단되어 경찰에 수사 의뢰했으며 경찰이 압수수색 등 고강도 수사 중입니다.

남양주시 공무원들이 코로나19로 고생하는 간호사에게 줄 위문품을 절반이나 빼돌려 나눠 가지는 행위를 하였으므로 경기도가 감사 후 관련 공무원의 중징계를 요구했습니다.

남양주시가 정당한 감사결과에 의한 적법한 조치를 두고 '정치탄압'이라는 납득할 수 없는 주장을 하더니 이번에는 아예 감사 자체가 정치탄압이라고 주장합니다.

서울북부지방검찰청에서도 선거법위반 등 혐의로 수사 중이며, 경기도에 접수된 시장실 근무내부자의 제보 녹취파일과 녹취록에 의하면 남양주시정의 난맥상이 차마 입에 담기 어려울 정도이고, 대규모 이권 사업에 관한 심사자료 조작 등과 관련한 언론보도, 예산 관련 비리 등에 대한 공익제보나 감사청구가 잇따르고 있습니다.

남양주시정의 불법 부당성에 대한 조사와 처분의 책임이 있는 경기도로서는 제보나 주장을 그대로 받아들일 수도 없고 방치할 수도 없습니다.

단서와 적법한 제보가 있음에도 상급기관인 경기도가 이를 묵살하고 남양주시에 대한 감사를 하지 않으면 도 감사 관련 공무원이 직무유기로 처벌될 것이기 때문입니다.

분명한 것은 감사공무원이 없는 부정부패를 만들어 낼 수는 없습니다. 부정부패 아닌 적법정당한 행정을 했고 제보나 신고가 잘못이면 납득할 수 있게 충실히 설명하면 됩니다.

잘못이 없으면 감사를 거부할 필요도 방해할 이유도 없습니다.

공직을 이용해 사익을 취하거나 불법행정을 한다면, 그가 누구든 내편 네편 가릴 것 없이 상응한 책임을 묻는 것이 공정한 세상입니다.

2020년 11월 23일

공직이란,
다주택 공직자 승진제한

주권자인 국민을 대리하는 공직자는 국민에 대한 무한봉사자이고, 부여된 권한을 사익을 위해 남용해서는 안 되며 또 그렇게 오해받아서도 안 됩니다.

공직자는 염결성(청렴결백)이 생명이고, 질서위반이나 불공정을 감시 시정하는 역할을 하는 공직자가 기득권자의 횡포에 부화뇌동하거나 부정부패하면 나라가 망했던 것이 역사적 사실입니다.

온 국민이 부동산투기에 나서고 부동산 폭등으로 집 없는 국민이 좌절하며, 자산이 많다는 이유로 금융이익(고액장기저리대출)을 독점해 비거주 다주택을 투기투자 수단으로 삼아 무주택자들을 상대로 불로소득을 취해 빈익빈 부익부가 심화되는 나라는 미래가 없습니다.

주택가격 상승은 분명 비정상이고 교정해야 할 국가적 과제입니다. 문재인 대통령님의 '부동산으로 돈 못벌게 하겠다', 중산층을 위한 고품질 초장기 공공임대주택인 '평생주택을 대량 공급하겠다'는 말씀에 주택정책의 답이 있습니다.

정부부처 관료들이 대통령님 말씀이 실현되도록 정책의지를 가지고, 완결성 높은 대책을 만들어내며, 이를 국민이 신뢰할 수 있게 해야 합니다.

'부동산으로 돈을 벌지 못하게' 하는 방법은 실주거용 주택은 보호하되, 비주거용 투기투자 주택에 대한 불로소득이 불가능한 부동산세제, 금융혜택 제한, 취득억제 제도를 적절히 발동하면 됩니다.

로또 분양이 되어버린 공공택지상 주택을 로또 분양해 분양광풍(=투기광풍)을 불러올 것이 아니라 개발이익을 적절히 환수하고, 평생주택(기본주택)을 대량공급하면 '평생 높은 임대료 부담이 두려운' 수요자들을 안심시켜 공포매수 수요를 줄일 수 있습니다.

적절한 공급에 더하여 등록된 임대사업자들이 가진 160만 채의 비주거용 주택(100만 신도시 5개 분량)과 임대사업자 등록을 하지 않고 임대 또는 투자용으로 보유한 비거주용 주택 수십만 채의 주택이 주택시장에 공급되면 공급부족 문제는 상당히 완화될 것입니다.

그런데 이러한 세부정책보다 더 중요한 것이 바로 정책의지와 정책에 대한 국민 신뢰입니다.

주택정책에 영향을 주는 고위공직자들이 다주택을 보유하고 있다는 사실은 '주택가격 상승'에 대한 강력한 증거(시그널이 아님)이고 이는 정책불신을 초래하여 조그만 구멍에도 풍선효과처럼 정책실패를 불러옵니다.

고위공직자들의 비주거용 주택 소유를 제한하는 것은 그래서 반드시 필요합니다.

국민의 권력을 대신 행사하며 부동산가격에 영향을 주는 공직자가 주거용 등 필수부동산 이외를 소유하는 것은 옳지 않으므로 고위공직자주식백지신탁처럼 고위공직자부동산백지신탁제를 도입해야 하고 그 이전에도 고위공직자 임용이나 승진에서 투기투자용 부동산 소유자를 배제해야 합니다. 정확히 말하면 부동산으로 돈을 벌든지 위임된 권한을 행사하는 공직자로서 국민에게 봉사하든지 선택해야지 두 가지를 겸하게 하면 안 됩니다.

경기도에서는 4급 이상 공직자(승진대상 5급 포함)들에게 주거용 외 다주택의 처분을 권고하며 인사에 고려하겠음을 사전공지하였고, 42%의 다주택 공직자들이 비주거용 주택을 처분했습니다. 이번 인사에서 다주택 소유를 반영한 결과 비주거용 다주택을 처분하지 않은 공직자들은 승진하지 못했습니다.

자본주의 시장경제에서 다주택을 보유하는 것도 권리이지만, 공직자 인사에서 다주택을 감안하는 것 역시 인사권자의 재량권입니다.

투기가 아니라 건전한 노력의 결과로 부를 이뤄 부자가 존중받는 사회를 만들어야 부강한 나라를 만들 수 있습니다.

2020년 12월 31일

기득권 카르텔을 개혁하지 않으면
지지율 87%의 민주 정부도 무너집니다

남의 나라 이야기라고 하기엔 기시감(旣視感)이 듭니다. 많은 분의 추천으로 넷플릭스 다큐 〈위기의 민주주의 – 룰라에서 탄핵까지〉를 봤습니다. 브라질의 재벌, 검찰, 사법, 언론 기득권 카르텔이 어떻게 민주주의를 파괴하고 극우 정권을 세웠는지 추적하는 다큐멘터리입니다.

정치 권력은 5년이지만 기득권 권력은 영속적입니다. 두 번의 대통령 임기를 마치고 퇴임 지지율 87%였던 룰라 대통령과 이를 이어받은 호세프 대통령을 끌어내리는 데는 그리 오랜 시간이 걸리지 않았습니다.

아시다시피 룰라 대통령은 브라질을 7위 경제국으로 끌어올린 노동자 출신 대통령입니다. 극빈층 가족에게 매달 30달러씩 지급하는 정책인 '보우사 파밀리아', 그리고 "부자에게 돈을 쓰는 건 투자라고 하면서, 가난한 사람에게 돈을 쓰는 건 왜 비용이라고 하는가?"라는 말로도 유명합니다.

뿌리 깊은 기득권 구조를 개혁하지 않으면 국민의 높은 지지를 받는 정부도 이렇게 쉽게 무너집니다. 일각에서 문재인 정부가 적폐청산과 검찰개혁에 몰두하는 것을 비판합니다만, 이렇듯 시민의 삶과 기득권 구조 개혁은 분리되어 있지 않습니다.

선후의 문제도 아닙니다. 기득권 카르텔을 개혁하는 것이 곧 민생이며, 이들을 내버려 두고는 어떠한 민생개혁도 쉽게 물거품이 될 수 있습니다.

촛불은 비단 박근혜 탄핵만을 위해 켜지지 않았습니다. 불의한 정치 권력은 물론 우리 사회 강고한 기득권의 벽을 모두 무너뜨리라는 명령이었습니다. 검찰개혁, 사법개혁은 물론 재벌, 언론, 금융, 관료 권력을 개혁하는 것으로 지체없이 나아가야 하는 이유입니다.

2021년 1월 3일

관료에 포획되지 않으려면,

노무현 대통령님의 회한

새해 첫 독서. 노무현 대통령님께서 퇴임 후 남기신 『진보의 미래』를 다시 꺼내 읽습니다.

서슴없이 "관료에 포획"됐다고 회고하신 부분에서 시선이 멈춥니다. '균형재정' 신화에 갇혀있는 정부 관료들에 대한 이보다 더 생생한 술회가 있을까요.

"이거 하나는 내가 좀 잘못했어요. 내가 잘못했던 거는 오히려 예산을 가져오면 색연필 들고 '사회정책 지출 끌어올려' 하고 위로 쫙 그어버리고, '여기에서 숫자 맞춰서 갖고 와' 이 정도로 나갔어야 하는데. (…) 지금 생각해보면 그래요. 그래 무식하게 했어야 되는 데 바보같이 해서….''

대안으로 "시대의 기온으로 관료주의를 극복해야 한다."고 덧붙이셨습니다. 관료조직을 적대시하기보다 시대의 온도, 시대의 가치관을 통해 "계절"을 만들어 내야 한다는 말씀이지요.

오늘날 코로나와 양극화로 서민들이 '먹고사는 문제'를 넘어 '죽고사는 문제'로 사투를 벌이고 있는 이때, 대통령님은 어떤 말씀을 주셨을까요. 새삼 거인의 부재를 느낍니다. 그 고뇌의 뜻을 이어나가는 것은 남은 이들의 몫이겠지요.

2021년 1월 7일

법관탄핵
필요합니다

삼권분립원리에 따라 법관은 법과 양심에 따라 독립적으로 사법권을 행사하고, 독립성 보장을 위해 법관은 국회의 탄핵 이외에는 면직되지 않습니다.

그런데 법과 양심에 따라 독립적으로 권한을 행사해야 할 법관이 법령을 위반하고, 양심이 아니라 정치나 이익에 따라 자의적으로 사법권을 행사한다면 질서유지와 인권보장의 최후 보루여서 존중되는 사법부가 인권침해와 질서파괴의 원천이 될 수도 있습니다.

비록 형사처벌 대상이 아닐지라도 헌법을 위반했다면 당연히 국민의 이름으로 국회가 탄핵해야 합니다.

탄핵은 파면처분이고 임기종료 후에는 파면할 수가 없으므로, 탄핵의결 후 헌법재판소의 탄핵심판에서 각하(임기 종료로 파면할 수 없으니 재판하지 않는다)될 가능성이 크기 때문에 탄핵심판 전에 임기가 끝날 것으로 보이는 법관에 대한 탄핵의결은 정치적 행위 단계에서 끝날 수도 있습니다. 이 때문에 실효성 없는 탄핵을 반대하는 의견도 있습니다.

그러나 대다수 법관이 헌법과 양심에 따라 신성한 사법사무에 충직하지만 이에 반하는 일부 소수 법관이 없는 것도 아니므로, 사법권독립의 취지와 엄중함에 비추어 사법권독립을 악용하는 자의적 사법권행사에 대해서는 헌법에 따른 국민적 감시와 심판이 언제든지 작동 중이라는 점을 주지시킬 필요가 있습니다.

탄핵심판이 각하되더라도 탄핵의결 자체가 변호사등록거부 사유가 될 수 있으므로 탄핵의결의 실익이 없는 것도 아니고, 소수의 일탈적 법관으로부터 대다수 선량한 법관들의 신뢰와 사법부의 권위를 보호 강화하는 데도 도움이 될 것입니다.

사법권독립 보장이 사법권남용 보장이 되어서는 안 되므로 이번 국회의 법관탄핵이 진정한 사법독립의 든든한 토대가 되기를 바랍니다.

2021년 2월 4일

공약이행률
96.1%의 의미

경기도 '공약 이행률'이 자체조사 96.1%, 한국매니페스토실천본부에서 산정하는 사업완료 기준으로 공약 '완료'율은 81.8%입니다.

경기도는 한국매니페스토실천본부 공약실천계획서 및 공약이행 평가에서도 2년 연속 최우수등급(SA)을 받았습니다.

말이야 누가 못하겠습니까. 선거 때만 되면 무수히 많은 약속을 하지만 약속을 어겨도 책임도 벌칙도 없고 배상도 하지 않으니 정치에서의 거짓말이 일상이 되었습니다. 그러다보니 당선 뒤에 '공약 다 지키면 나라가 망한다'고 말하기도 합니다. 안타깝게도 철썩같이 약속하지만 부도날 '어음'조차도 안 주는 게 정치입니다.

정치인의 약속이 거짓말인지 아닌지는 말의 일관성과 과거 이력으로 판단할 수밖에 없습니다. 이랬다 저랬다 말이 바뀌는 사람은 믿을 수 없습니다. 과거는 미래의 거울인 것처럼 과거에 약속을 잘 지켰다면 미래에도 지킬 가능성이 높습니다.

정치가 신뢰를 회복하려면 주권자와의 약속이 지켜져야 합니다. 그래서 저는 정치에 나선 이래 신뢰를 얻기 위해 약속을 지키려고 부단히 노력했습니다. 지킬 수 없는 약속은 하지 않았고, 한번 드린 약속은 반드시 지키려고 최선을 다했습니다.

민선7기 출범 당시 365개의 공약을 했습니다. 그 중 2개는 유사사업으로 통폐합되거나 시·군 협의로 폐기되어 총 363개의 공약사업이 진행됐습니다. 그 중 349개의 사업이 완료됐거나 현재 이행 중에 있습니다.

나머지 14개의 사업도 남북 혹은 중앙정부와의 협력이 필요하거나 제도적인 입법이 뒷받침되어야 하는 것들로 여건이 마련되면 시행할 수 있도록 내부 준비 중입니다.

현장 일선에서 업무를 담당하는 공무원들도 한눈팔지 않고 묵묵히 맡은 바 임무를 다해준 덕분에 소기의 성과를 거둘 수 있었습니다. 늘 고맙습니다.

경기도의 핵심 가치, 공정과 평화 그리고 복지의 뜻을 다시금 되새기며 앞으로 남은 기간 동안에도 흐트러짐 없이 최선을 다할 것입니다.

2021년 3월 11일

청년 병사들,
다쳐도 '국가의 아들'입니다

'부를땐 국가의 아들, 다치거나 죽으면 누구세요?' 군에서 부상을 입거나 사망한 병사들을 나 몰라라 하는 현실을 조소하는 말이지요. 수천억 방산 비리는 '생계형'이라 두둔하면서 나라를 지키다 다친 청년 병사에게는 몇백만 원도 아까워하는 불공정에 대한 분노의 표현입니다.

나라 위해 희생한 이들에 대한 합당한 보상과 대우는 국가책무의 최저선입니다. 성남시장 시절 '군복무 청년에 대한 상해보험 지원' 제도를 도입하고 도지사가 되어 이를 경기도 전역에 확대했던 이유입니다. 지금도 도의 주요 정책 중 하나로 이행 중입니다.

물론 과거에 비해 우리 군은 분명 진보하고 있습니다. 영창제도가 폐지되고 부대 내 핸드폰 사용도 허용되었으며 병사 월급도 점점 올라가고 있습니다. 앞으로도 흔들림 없는 국방개혁으로

'군복 입은 시민', 우리 청년들의 헌신을 존중해야 할 것입니다.

"누구든지 병역의무의 이행으로 인하여 불이익한 처우를 받지 아니한다." 헌법 제 39조 2항의 정신을 담은 전용기 의원님의 법안이 꼭 통과되기를 바랍니다. 다쳐도 '국가의 아들'입니다.

2021년 3월 12일

망국적 부동산투기
발본색원할 결정적 기회입니다

문재인 대통령님께서 부동산 적폐청산을 강력추진하겠다고 발표하셨습니다. 대통령님의 결연한 의지를 지지합니다. 부동산 문제에 대한 저의 생각도 대통령님 말씀과 다르지 않습니다. 한마음 한뜻을 가진 '원팀'임을 다시 한번 느낍니다.

토지는 언제나 국가의 흥망을 결정짓는 바로미터였습니다. 토지 배분이 공정한 시대는 흥했고, 땅 투기가 만연한 시대는 망했습니다. 부동산 불로소득에 대한 국민의 분노 앞에 고개를 들 수 없는 지금, 이 나라의 절박한 위기를 체감합니다.

평소라면 기득권의 저항으로 요원했을 부동산 개혁이지만, 온 국민이 부동산 불로소득 혁파를 요구하는 지금은 역설적으로 부동산 개혁의 '결정적 기회'입니다. 그야말로 최대치의 강도로 개혁에 돌입해야 할 때입니다.

첫째, 부동산투기에 대응하기 위한 강력한 규제가 필요합니다.

공직자(부동산 관련 공공기관 종사자 포함)는 필수부동산 외에는 소유를 금지·제한토록 해야 합니다. 공직을 활용해 얻은 부동산 정보로 사적 이익을 탐할 수 없도록 부동산 백지신탁제를 도입하고 그 대상을 지자체의 부서장과 토지개발 및 주택관련 공직자와 공공기관 종사자 전체로 확대해야 실효성을 담보할 수 있을 것입니다. 아울러 공직자의 가·차명 부동산 소유에 대하여 몇 배의 과징금과 형사처벌 등 강력한 처벌규정을 신설해야 합니다.

또한, 부동산투기를 조장하는 세제 및 금융 혜택을 없애는 등 조세와 부동산 금융에 전면적 개혁조치가 필요합니다. 과거 노태우 정권에서 부동산 안정화를 목표로 기업의 비업무용 부동산 매각을 강제하기도 한 전례를 비춰보건대 최소한 그에 상응하는 수준의 강제조치는 여야 이견 없이 충분히 가능할 것입니다.

둘째, 투명한 공개정보를 통한 예방과 관리·감독이 필요합니다.

부동산 전수조사를 통해 토지사용현황을 투명하게 공시하여 투기 여부를 가리는 데 활용해야 합니다. 기본적으로 토지는 공공재입니다. 관련 정보의 공시를 의무화하는 것이 헌법상 토지공개념에도 부합하지만, 실상은 경기도를 비롯한 지자체도 정보를 열람하기조차 힘듭니다. 부동산 정보를 통합 전산화해 언제고 거래조사 목적의 열람과 활용이 가능해지면 훨씬 높은 수준의 부동산투기 감시를 할 수 있습니다.

투명한 정보공개를 바탕으로 금융시장에 준하는 부동산시장 감시제도를 도입해야 합니다. 부동산과 함께 대표적 자산시장으로 꼽히는 금융시장은 '자본시장법'의 규율하에 금융감독원 등 시장 교란 차단조직을 활용해 각종 불공정행위에 대응하고 있습니다. 부동산시장도 이 같은 관리감독 시스템의 도입이 시급합니다.

셋째, 세제 및 금융개혁을 통한 이익환수가 필요합니다.

부동산 가격상승에 따른 불로소득은 최대한 환수되어야 합니다. 적어도 공공택지만큼은 로또 분양이 되도록 해서는 안 되고, 기본주택이나 평생주택과 같은 방식으로 공급해 매매차익은 공공이 환수하는 등 공공이익을 모두가 누리도록 하는 것이 맞습니다.

부동산 개혁이 쉬운 일은 아닙니다. 그러나 불가능한 것도 아닙니다. 아무리 어려워 보여도 사람이 만든 문제는 사람이 충분히 해결할 수 있다는 것을 굳게 믿습니다.

국회에 요청합니다. 부동산 백지신탁제도 도입을 위한 공직자윤리법 개정과, 금융감독원처럼 부동산시장을 감시하는 부동산

감독원을 설치하는 내용의 부동산시장법 제정에 나서 주십시오. 또한, 김태년 원내대표께서 말씀하신 이해충돌방지법 등 '공직자 투기·부패방지 5법'을 지지하며, 조속한 입법 처리를 응원과 함께 당부드립니다.

경기도는 법률 재개정 없이 할 수 있는 일부터 차근차근히 해나가겠습니다.

먼저 공직자 토지거래허가구역 지정을 검토하겠습니다. 외국자본의 무분별한 투기성 토지취득을 막기 위해 외국인 토지거래허가구역을 지정한 것과 마찬가지로, 경기도 및 시군 소속 공무원, GH 임직원의 경우 토지취득에 대한 엄격한 심사를 거치도록 해 투기를 사전 차단하기 위한 방안입니다.

또한, 경기도 공직자 부동산 심사위원회를 설치하겠습니다. 도내 토지개발, 주택관련 부서 공직자의 신규부동산 거래시 사전 신고토록 하고 심사 결과 부적합하다고 판단될 경우 이에 대한 취득과 처분 자제를 권고하는 방안입니다. 권고를 위반할 경우 이를 인사에 반영하는 것도 검토 중입니다.

과하지 않습니다. 부동산으로 피눈물 흘리는 서민들, 부동산 대출 갚느라 한평생 살다가는 국민을 생각하면 조금도 과하지 않습니다. 수천 년 동안 내려온 소작제를 고쳐 대지주의 나라를 해체하는 데 성공한 역사를 가진 한국 사회가 의지만 있다면 부동산 공화국을 해체하지 못하리란 법은 없습니다.

위기는 언제나 기회를 동반합니다. 역사적으로도 사회가 위기에 직면했을 때 새로운 가능성을 찾고 새로운 길에 발을 내디딜 수 있었습니다. 지금 우리에게 닥친 이 위기가 경제구조적, 사회구조적 문제들을 심각히 고민하고, 나아가 새로운 길을 찾아내는 전환점이 될 것입니다.

마지막이라는 각오로 나서겠습니다. 문재인 정부의 부동산 적폐청산 의지를 경기도가 행동으로 뒷받침하겠습니다.

2021년 3월 16일

개발이익 도민환원기금 신설,
모두의 것을 모두에게

성남시 대장지구 개발 당시 5천억 원이 넘는 공공환수를 했음에도 회계상으로 3천억 원의 이익이 발생했습니다. '개발이익 환수제'를 시행하지 않았더라면 도시개발 인허가 전후의 시세 차익 8천억 원은 고스란히 민간기업이나 건설업자의 차지가 되는 것입니다. 환수한 이익은 임대주택 용지와 기반시설 확보, 공원 조성 등으로 쓰이면서 시민의 몫으로 돌아갈 수 있었습니다.

부동산 가치 상승은 누군가의 특별한 노력이나 노동의 결과가 아니라 인허가권, 도시개발계획, 공공투자와 같은 공공의 권한 행사로 발생하는 불로소득이 절대적입니다. 모두가 함께 만들어 낸 성과물을 소수가 독점해서는 안 됩니다. 모두에게 되돌아가야 마땅합니다.

공공의 이익을 합당하게 환수하는 것만큼 어떻게 배분할지 또한 심혈을 기울여 풀어나가야 할 문제입니다.

경기도는 특정 지역에만 사용할 수 있던 개발이익 재투자의 단점을 보완해 '개발이익 도민환원기금'을 신설합니다. 경기주택도시공사의 공공개발로 발생한 개발이익을 적립해 기본주택 공급, 낙후지역 개발지원에 우선적으로 사용하고 향후 규모에 따라 용도를 확대해 나갈 것입니다.

기금조성을 통해 개발이익을 도민에게 환원하는 체계적 시스템을 갖출 수 있는 것은 물론이고 매년 안정적인 수입으로 지속적인 정책 추진도 가능해집니다. 개발이익의 수혜가 특정 지역에만 집중되지 않고 경기도 차원에서 가장 필요한 곳에 쓰일 수 있어 지역 간 격차 해소와 더불어 형평성도 지킬 수 있습니다.

개발이익 도민환원기금의 원활한 운영을 위해서는 선결해야 할 과제가 산적해 있습니다. 국회, 중앙정부와의 협력을 통해 '개발이익 환수에 관한 법률'과 '공공주택 특별법', '택지개발촉진법' 등을 개정해야 하며 개발사업 유형에 따른 맞춤형 환수기준도 필요합니다.

'모두의 것을 모두에게' 돌아가도록 새로운 선순환 구조를 마련하는 일인 만큼 국회와 중앙정부의 적극적인 협력을 부탁드립니다. 경기도는 앞으로도 막중한 책임감으로 최선을 다할 것입니다.

2021년 3월 16일

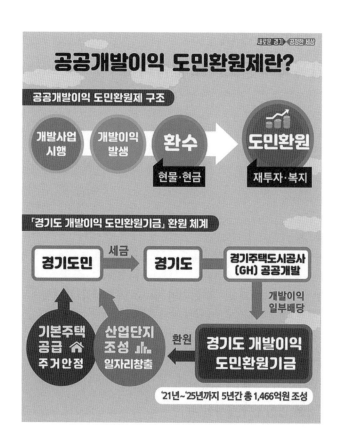

4.3 제주 73주년,
국가폭력에 공소시효 없습니다

　73년입니다. 매해 4.3을 기억할 때마다 그 영겁의 세월에 놀랍니다.

　국가가 국민을 향해 총칼을 휘둘렀습니다. 7년에 걸쳐 제주 인구 10분의 1이 학살당했습니다. 두 번 다시 반복되어서는 안 될 참혹한 우리의 근현대사입니다.

　비극의 역사는 바로잡히고 있습니다. 지난 2월 여야 합의로 통과된 4.3 특별법 개정안은 국가폭력에 대한 책임을 명시하고, 희생자들에 대한 배상 및 보상 근거를 마련했습니다. 최근에는 폭도로 몰려 억울하게 수형 생활을 한 335명의 피해자의 무죄 판결이 내려지기도 했습니다.

　당연하게도 저절로 된 것은 없었습니다. '4.3 특별법'과 '4.3 위원회'로 진상규명을 처음 시도한 김대중 정부, 국가 책임을 인정하고 처음으로 사과한 노무현 정부, 4.3의 완전한 해결을 약속한 문재인 정부. 나아가 함께 아파하고 진실을 알리려 했던 제주도민과 국민이 있었기에 여기까지 올 수 있었습니다.

국가폭력을 바로잡는데 공소시효가 있을 수 없습니다. 진실을 규명하고, 끝끝내 사과하지 않는 이들에게 책임을 묻고, 희생자에게 마땅한 보상을 하는 일은 국가공동체가 결코 포기할 수 없는 대원칙의 문제입니다.

4.3의 완전한 해결까지 지치지 않고 나아가겠습니다. 제주에 온전한 봄이 올 때까지 끝까지 함께 하겠습니다.

2021년 4월 3일

이해충돌방지법 제정,
공직사회 근본 변혁의 시작으로

　공직자 이해충돌방지법이 어제저녁 국회를 통과했습니다. 국회 논의가 시작된 지 10년, 너무 늦은 감이 있지만 그나마 다행입니다. 한편으로는 국민을 대리해 공동체에 필요한 법을 만드는 것이 국회의 책무이건만, 매번 국민의 비난이 들끓고 나서야 실행에 나서는 관행은 꼭 바뀌어야겠다는 생각이 듭니다.

　이해충돌방지법 제정은 국회를 포함하는 공직사회를 근본적으로 변혁하는 출발점이어야 합니다.

　LH 사태를 비롯한 공직자들의 은밀하고 불법적인 부동산투기는 국민께 너무도 큰 실망과 정치불신을 안겨드렸습니다. 우리 국민께서는 부동산가격 폭등과 코로나19 확산, 경제위기라는 3중고 속에서도, '법준수'를 외치는 공직자들을 믿었고 정부 지침을 따라주셨는데 결과적으로 그 믿음을 배신했기 때문입니다.

공직 기강이 서야 나라가 바로 섭니다. 법을 만들고 집행하는 공직자들이 똑바로 하지 않으면 국민의 신뢰를 얻을 수 없고, 이런 상황에선 백 가지 정책도 개혁도 무효입니다.

이제부터입니다. 포괄적인 이해충돌방지법의 사각지대를 없애기 위한 촘촘하고 세심한 시행령 제정 등 후속 작업과 함께, 국민을 위한 공직사회로 거듭나기 위한 개혁에 힘을 모아야 할 것입니다.

2021년 4월 30일

보다 나은 세상을 위한
헌신과 봉사의 정신을 되새깁니다

오늘 무척 반가운 손님이 오셨습니다. 도산 안창호 선생님의 외손주이자 안수산 여사님의 아들, 필립 안 커디 씨입니다. 안 커디 씨는 램지어 교수 논문을 비판하며 하버드 측에 항의 서신을 보내는 등 한국 문제에 애정과 관심을 가지고 적극적으로 목소리를 내오고 계십니다.

하와이에서 성장해 자연스레 서핑을 접한 덕분에 세계적인 서퍼로도 활동하고 계십니다. 마침 시흥에 개장한 세계최대규모의 인공서핑장 '웨이브파크'에 들러 뛰어난 퀄리티의 파도를 확인하고 칭찬을 아끼지 않으셨습니다. 아동암환자, 자폐아동을 위한 서핑 프로그램에서 좋은 효과를 거둔 경험을 말씀해주시며 경기도에도 치료 프로그램을 제안해주시기로 했으니, 정말 고마운 일입니다.

안 커디 씨와의 인연은 2015년으로 거슬러 올라갑니다. 성남시장 시절 대표단으로 미국을 방문했을 때 안수산 여사님을 찾아뵈었습니다.

안 여사님은 2차 세계대전 당시 아시아 여성 최초로 미군에 입대했을 뿐만 아니라 미 해군 최초의 여성 포격술 장교로 복무했으며 이후 국가안보국(NSA)에서 암호 해석을 맡아 미국 사회에도 큰 족적을 남긴 분입니다.

그런데 제가 갔을 때는 마치 어머니처럼 따뜻하게 맞아 주셔서 고향에 온 것처럼 편안하고 아늑했습니다. 그때의 기억이 지금도 생생한데, 공교롭게도 같은 해 영면에 드셔서 조문단을 파견해 애도를 전해야 했습니다.

꾸밈없이 순수한 열정으로 험난한 역사의 질곡을 헤쳐나간 안창호 선생님과 후손분들의 발자취를 되새겨봅니다. 저 역시 헌신과 봉사의 마음을 깊이 간직하고 세상을 위해 움직여 나가겠습니다.

2021년 5월 4일

공수처
'1호 사건' 유감

7~80년대의 학교에는 아련함과 쓸쓸함의 기억이 교차합니다. '나'의 잘못이 없어도 단체 얼차려를 받거나, 별 이유도 없이 그냥 매를 맞기도 했습니다. 군사독재의 질서와 강자에게 순응하는 법을 초등학교에서 처음 배웠던 시절입니다. 그 엄혹했던 시대의 끝자락에서 많은 선생님이 굴종과 반(反)교육의 벽을 부숴 참교육의 꽃을 피우려 피 흘렸고 교직에서 쫓겨나셨습니다. 해직교사 복직이 민주주의가 전진하는 상징이 된 것은, 90년대 초반 그 선생님들이 교정에 돌아오면서입니다.

공수처가 '1호 사건'으로 조희연 교육감님의 이른바 '해직교사 특별채용 사건'을 다룬다고 합니다. '자다가 봉창 두드린다'고나 말할 법한 일입니다.

해직교사 특별채용은 법률(교육공무원법 제12조)에 근거해 이뤄져

온 일입니다. 만일 채용절차 등에 실정법 위반 소지가 있다면, 경찰이 수사하면 그만인 사안입니다. 더욱이 우리 정부가 교사·공무원의 정치활동을 보장하는 국제노동기구(ILO)의 핵심협약을 비준한 상황에서, 개선이 필요한 종래의 법령을 가지고 공수처가 가진 큰 칼을 휘두르는 것은 납득하기 어렵습니다.

공수처는, 여타의 수사소추기관들과 달리 '소속'이 없는 특별기관입니다. 검사가 수사를 잘못하면 검찰총장, 법무부장관, 국무총리, 대통령이 책임지며, 경찰이 수사를 잘못하면 경찰청장, 행안부장관, 국무총리, 대통령이 책임지는 구조이지만 공수처의 수사·기소는 어떠한 헌법상 기관도 책임지지 않습니다.

국민께서 공수처에 이런 특별한 지위를 주신 이유는, 검경이 손대기 힘든 권력형 부정비리나 수사소추기관 자신의 잘못(검사의 범죄 등)에 칼을 대기 위함입니다. 그렇기 때문에 공수처의 권한 발동은 '특별한' 기관이나 인사의 '특별한' 사건에 대해서, 역시 '특별한' 신중함을 가지고 이뤄져야 합니다. 쌓이고 있는 검사 비리 의혹 사건을 다 제쳐두고 일개 경찰서 수사과에서도 할 수 있는 사건을 '1호 사건'으로 공수처가 선정한 것에 대해 국민께서 의아하게 생각하는 이유입니다.

공수처의 수사대상은 막강한 힘을 갖는 고위권력이기에, 공수처는 국민의 전폭적인 신뢰와 지지가 있어야 합니다. 그런데 지금 공수처의 엉뚱한 '1호 사건' 선정으로 존재 기반이 흔들리고 있습니다.

한시라도 빨리 국민께 납득할 수 있는 설명과 교정을 통해 공수처가 제자리를 찾기를 바랍니다.

2021년 5월 14일

국가폭력범죄는 공소시효,
소멸시효 배제해야

1980년 5월 23일 오전, 당시 광주의 여고 1학년생이었던 홍금숙 씨는 미니버스를 타고 가다 매복 중이던 11공수여단의 집중사격을 받았습니다. 버스 안에서 15명의 시민이 즉사했고, 홍 씨와 함께 크게 다친 채 끌려간 남성 두 명은 재판도 없이 '즉결처형'당했습니다.

그 외에도 우리 근현대사에서 무차별적 양민학살, 사건조작으로 8인을 사형선고 다음날 바로 집행해버린 인혁당재건위 사건과 같은 사법살인, 간첩조작 처벌, 고문, 폭력, 의문사 등 국가폭력사건들이 셀 수 없을 정도지만 공소시효 만료로 처벌은커녕 진상규명조차 불가능하고 소멸시효가 지나 억울함을 배상받을 길조차 봉쇄되어 있습니다.

국민의 생명과 안전을 보호하라고 국민이 위임한 권력으로 국민의 생명과 인권을 침해하는 것도 있어서는 안 될 일이지만 시간이 지났다는 이유로 책임을 면제해주는 것은 국가폭력범죄의 재발을 방치하는 것이나 마찬가지입니다.

다시는 이 땅에서 반인권 국가폭력범죄가 발생하지 않도록, 누구도 반인권국가폭력범죄를 꿈조차 꿀수 없도록 국가폭력범죄에는 반드시 공소시효와 소멸시효가 배제되어야 합니다.

2021년 5월 18일

청년의 삶을 바꾼
5월 광주

80년 5월, 저는 공장에서 일하던 소년노동자였습니다. 제가 들은 5.18은 '북한군과 폭도들의 폭동으로 군인들이 많이 죽었다.'였습니다. 모든 언론이 그랬고 주변 모든 사람의 이야기가 그랬기에 저도 동조해 '폭도'들을 비난했습니다.

언론과 권력에 속았다지만 제가 그 참혹한 피해자들에 대한 2차 가해에 가담했음을 대학에 가서야 알았습니다. 참으로 수치스럽고, 죄송하고, 안타까워 견딜 수 없었습니다.

그리고 그 시대의 많은 청년이 그러했듯, 광주를 지키기는커녕 비난했던 부끄러움이 저의 인생 경로를 바꿨습니다.

청년이 받은 충격은 비단 5.18의 실상 그 자체만이 아니었습니다. 보고 듣고, 알고 있다고 생각했던 모든 것들을 다시 생각하게 되었고, 수많은 사람의 고단한 삶이 결코 개인의 무능력이나 게

으름 때문만이 아님을 깨우쳤습니다.

학살 주역 군사정권에 복무할 수 없어 26살 어린 나이에 검사 임용을 포기하고 인권변호사의 길을 선택하게 한 것도 5월 광주입니다. 개인적 영달을 추구하던 한 청년을 공정사회 대동 세상을 꿈꾸는 공적 인간으로 다시 태어나게 한 5월 광주는 그래서 이재명의 '사회적 어머니'입니다.

절대 잊지 않겠습니다.

다시는 이런 국가폭력이 재발하지 않게 하겠습니다.

2021년 5월 18일

'사람 노무현'을
기억합니다

대통령이 되어서도 '바보 노무현'이라는 별명이 제일 마음에 든다며 그렇게 불리기를 바라셨던 분. 겸손한 권력이 되어 강한 나라를 만들겠다며 자신을 낮추시던 분. 주권자께서 대통령 욕하며 스트레스를 해소할 수 있다면 기쁜 마음으로 들으시겠다던 분. 퇴임 이후 봉하마을로 내려가시고도 "대통령님, 나오세요."라는 국민 부름에 하루에 몇 차례씩 불려 나와 수다도 떨고 노래도 부르며 한명 한명 흔쾌히 함께 사진 찍어주시던 분. 정치적으로는 실패할지 모르나 인간으로서는 실패하지 않을 자신 있으시다던 분.

따뜻하다 못해 뜨거웠던 대통령님의 모습, 그 누구보다 인간적이었던 '사람 노무현'의 모습을 우리 모두가 기억합니다.

12년의 세월이 흐른 지금도 여전히 익숙하지 않은 당신의 부재. 그러나 이를 통해 당신의 존재를 깨닫습니다. 뼈아픈 패배감과 허망함, 분노와 비통함은 가슴 깊은 곳에 묻어두고 새 희망을 품은 채 당신이 없는, 그러나 당신 가득한 '노무현의 시대'를 하루하루 살아가고 있습니다.

그토록 바라고 바라셨던 균형발전과 국민통합의 꿈, 반칙과 특권 없이도 승리할 수 있는 공정한 세상, 열심히 일하면 땀 흘린 만큼 잘 사는 세상, 적어도 먹고 사는 문제로 삶을 포기하는 일 없는 세상, 사람이 사람으로 대접받는 세상.

당신께서 떠나신 후 새로 태어난 수많은 노무현들 중 하나로서, 우리 모두의 과거이자 미래인 당신의 꿈을 현실로 만들기 위해 온 힘 다해 노력하겠습니다. 홀로 외로이, 묵묵히 그러나 뚜렷이 물꼬 터주신 그 길로 막중한 책임감 갖고 한발 한발 걸어 나가겠습니다.

-떠나시고 맞이하는 열두 번째 5월에

2021년 5월 23일

선택적 모병제 추진해야,
비리 낭비 없애자는 말을
국방비 축소 주장으로 왜곡하지 마십시오

우리 같은 반도 국가는 해양과 대륙 세력의 중간에 위치하여 기회와 위기 요인이 상존합니다. 휘둘리지 않으려면 국익 중심의 자주적 균형외교가 필수인데 이는 부강한 나라의 강력한 국방력이 필수적입니다.

강력한 국방력을 유지하려면 첨단기술과 고성능 무기 장비를 확보하고 고숙련 전문 전투병력을 양성하는 등 스마트 강군으로 바꾸어야 합니다.

저는 스마트강군화와 청년 일자리를 위해 선택적 모병제를 오래전부터 주장해 왔습니다.

선택적 모병제는 국민개병제 위에 징병을 유지하되 원하는 청년은 징병 대신 양질의 일자리로서 정예전투요원과 무기장비전문인력으로 일할 기회를 주자는 것입니다. 청년실업도 완화하고

군복무의 형평성도 고려한 방안입니다

현대전은 군인 숫자가 아닌 첨단기술의 싸움입니다. 최첨단 무기 장비와 이를 능숙하게 다루는 병사, 뛰어난 지휘력이 승패를 좌우합니다.

정예전투요원을 양성하고 무기 첨단화를 하려면 국방비 증액은 불가피합니다.

국가운영에서 비용을 최소화하고 복지 등 공공지출을 늘려야 한다는 저의 기자간담회 발언을 두고 '국방비 축소'로 오해 왜곡하는 분들이 계신가 봅니다.

제 말은 필요한 국방비를 줄이자는 게 아니라 방산비리처럼 국민 가슴 불 지르는 부정부패 같은 낭비를 없애자는 것이었습니다. 불필요한 낭비나 부패요소를 최소화하는 것은 국정의 기본입니다. 발언을 침소봉대 왜곡해서 가짜뉴스로 공격하는 일은 없길 바랍니다.

2021년 7월 4일

누구의 장모냐 보다,
사무장 병원 근절이 더 중요합니다

최은순 씨가 법정 구속된 뒤 기자님들이 많은 질문을 해옵니다. 대부분 '최은순'이라는 이름은 사라지고 윤석열 전 총장 장모 구속에 대해 어떻게 생각하느냐? 라고 묻습니다.

6년 전에는 기소도 안 됐던 분이 이제야 구속된 과정에, 윤 전 총장이 개입했는지 여부도 중요합니다. 그러나 이 사건에는 더 본질적인 문제가 있습니다.

최은순 씨는 의료인이 아닌데도 요양병원을 개설하고 22억 원에 이르는 요양급여를 편취한 혐의로 구속됐습니다. 흔히 말하는 '사무장 병원' 문제입니다.

사무장 병원으로 인한 건강보험 재정 누수 규모만 2020년 말 기준으로 3조5천억 원에 달합니다. 부당청구 규모를 짐작케 하는 연평균 진료비 청구를 비교해보면 건당 진료비가 일반 의료

기관은 8만 8천 원인 데 반해 사무장 병원은 25만 5천 원으로 3배에 달합니다.

입원일수 또한 36.4일과 75일로 2배가 넘고, 1인당 입원비용도 1.7배에 달합니다. 간단한 객관적 지표만 봐도 사무장 병원의 실태가 드러납니다. 이러니 국민께서 국가가 세금도둑을 방치하고 있다는 분노를 표하시는 겁니다.

경기도는 도민들의 피해를 줄이기 위해 사무장 병원을 연중 단속해 왔습니다. 지난해 12월 전국 지자체 최초로 7개월간의 도 특사경 수사 끝에 6명을 입건하고 67억 원을 환수 요청했으며, 관련자들을 검찰에 기소 의견으로 송치했습니다.

그러나 사무장 병원은 줄어들지 않고 오히려 계속 증가하고 있습니다. 수사 인력 부족으로 적발도 잘 안 되고, 적발되어도 솜방망이 처벌에 그치기 때문입니다.

지금 국회에는 사무장 병원을 근절하기 위해 정춘숙 의원님을 비롯해 여러 의원님께서 발의한 사법경찰직무법, 의료법 개정안 등이 계류돼 있습니다. 하루속히 개정안을 통과시켜 단속과 처벌의 실효성을 높여야 합니다.

국민의 생명안전을 지키고 의료복지 선진국으로 가는 길에 여야가 따로 있을 수 없고, 법 앞에 평등한 사회를 만드는데 당리당략을 앞세워선 안 됩니다.

이번 논란이 누구의 장모냐보다 사무장 병원의 폐해를 밝히고 근본적인 대책을 마련하는 것으로 이어져야 하는 이유입니다.

2021년 7월 5일

김경수 지사께서 못다 이룬
동남권 메가시티, 제가 완성하겠습니다

오늘 김경수 지사님께서 수감되었습니다. 한없이 무거운 짐을 지게 되신 김경수 지사님의 뒷모습에 무척 마음이 아픕니다.

마지막까지 경남도정과 대한민국의 미래에 대해 걱정과 당부 말씀을 남기는 모습에서 국민과 국가를 위한 공직자의 책임감을 봅니다.

특히, '경남과 부울경, 대한민국의 미래를 위해 함께 시작한 일들이 잘 마무리될 수 있도록 힘을 모아달라'고 당부하셨습니다. 틈날 때마다 동남권 메가시티의 필요성과 중요성에 대해 강조하시더니 자칫 좌초될까 마음에 걸리셨나 봅니다. 그 당부의 말이 단순한 정치적 수사가 아니라 오롯이 진심에서 우러나온 말이라는 것 잘 알고 있습니다.

지난해 10월 청와대에서 열린 '제2차 한국판 뉴딜 전략회의'

에서 지역균형 뉴딜의 필요성과 방법에 대해 역설하시던 모습이 아직도 생생합니다. 올해 6월 17일, 경기도와 경상남도 정책협약식 자리에서도 균형발전과 지역경제 살리기의 중요성에 대해 내내 강조하셨습니다.

국가균형발전은 비단 비수도권 지역만의 문제가 아니라 대한민국 전체의 미래가 달려있는 중요한 문제입니다. 수도권 집중, 이로 인한 수도권과 비수도권의 심각한 불균형은 우리 국민 모두에게 위기입니다. 수도권 국민께는 주거, 교통, 환경과 같은 일상의 위기가, 비수도권 국민께는 소멸을 걱정하는 존재의 위기가 되고 있습니다.

억울한 사람도 억울한 지역도 없어야 한다는 것이 제 지론입니다. 지방이 소외되고 지방이 소멸해서도 안 될뿐더러 비수도권 국민께서 수도권에 대한 상대적인 박탈감을 느끼게 해서도 안 되겠지요.

각 지역이 특색을 가지고, 창의적이고 독창적으로 발전할 수 있어야 합니다. 경제, 인재, 정보가 서로 연계되어 성장 발전하는 공동체가 되어야 합니다.

동남권 메가시티는 부산 울산 경남 지역 발전과 국가균형발전을 위해 반드시 결실을 맺어야 합니다. 경기도 경상남도 정책협약 정신을 잘 살려서 꼭 실천해 가겠습니다.

동남권 메가시티 완성을 위해서는 정부 책임자의 강력한 의지와 추진력이 필요합니다. 이재명이 하겠습니다. 경기도에서 동서간, 남북간 균형발전을 위해 노력했던 것처럼, 국가균형발전을 위해 진력하겠습니다.

수도권과 비수도권의 격차를 완화하고 어디에 살든 국민 모두가 행복한 나라를 만들어내겠습니다. 국가균형발전을 향한 김경수 지사님의 뜻, 대한민국의 미래를 위한 구상을 반드시 실현해내겠습니다.

2021년 7월 26일

질적으로 달라진 세계에는 질적으로 다른 새 정책이 필요합니다. 기술혁명, 디지털경제, 초집중의 시대에 양극화 완화, 가계소득지원, 경제활성화라는 3중 효과를 낳는 복지적 경제정책인 기본소득은 시기 문제일 뿐 결코 피할 수 없습니다.

제2장

기본소득 가능하고 필요합니다

기본소득은
가능하고 필요합니다

외국에서 성공한 일이 없고 실현 불가능하다며 기본소득을 반대하는 분들이 있습니다. 간단히 답하면서 정치적 억지나 폄훼가 아닌 상식과 합리성에 기초한 건설적 논쟁을 기대합니다.

1. 기본소득이란?

모든 국민에게 차별 없이 정기 지급되는 지원금입니다.

경기도가 재난을 맞아 '기본소득 방식으로' 작년 4월에 1차 지급하고, 현재 2차 지급중인 '재난기본소득'이 정기화 된다면 바로 '기본소득'입니다. 작년 5월 지급한 정부의 1차 재난지원금도 개인에게 균등히 정기지급된다면 그 역시 기본소득입니다.

지급액은 예산가능 범위에서 정하면 되고, 지원주기는 매주, 매월, 매분기, 매반기, 매년 중 정하기 나름입니다.

지급방법으로 전에는 현금 지급을 상정했으나 경제유발 및 양극화 완화 효과가 큰 지역화폐로 지급하는 것이 바람직합니다.

2. 기본소득은 필요한가?

기본소득은 우파적 입장에서 작은 정부를 지향하며 복잡한 복지체계를 정비할 목적으로, 좌파적 입장에서 복지확대의 한 형태로 논의했으나, 최근 실리콘밸리의 성공한 CEO들(빌 게이츠, 마크 저커버그, 일론 머스크)이 새로운 관점에서 주장하여 급격하게 세계적 논의주제로 떠올랐습니다.

복지확대나 작은 정부 지향이라는 정치적 이유보다, 4차산업혁명(기술혁명)에 따른 일자리 종말과 과도한 초과이윤, 가계소득과 소비수요 감소에 따른 구조적 저성장과 경기침체를 방지하고 자본주의체제 유지와 시장경제의 지속성장을 도모하는 것이 주된 목적입니다.

3. 지역화폐로 지급한 한국형 기본소득의 확실한 효과

총수요부족에 따른 경기침체 대응의 핵심은 수요확대이고, 수요 창출을 위해 정부는 공공일자리 제공이나 복지 등 가계소득 지원정책을 폅니다.

그런데 과거와 달리 현금을 지원하면 가계는 여러 이유로 소비 대신 불안한 미래를 위해 저축을 선택하며, 그 결과 재정지출의 승수효과(소비에 따른 매출, 생산, 투자, 고용의 증가)가 제한적입니다.

일본은 1인당 10만 엔(120만 원)씩 지급한 지원금 중 10%만 사용되었고 미국은 1200달러씩 지급한 돈 중 45%만 소비되었습니다.

그러나 대한민국은 1차 재난지원금(경기도의 1,2차 재난기본소득)을 3개월 내 써야 하는 지역화폐로 지급해 10억 원 이하 중소상공인에게만 사용케 함으로써 극히 소액(1인당 26만 원 가량, GDP의 0.7%)을 지급했을 뿐임에도 통계상 전년도 소비매출을 넘어서고, 국민이 2달 이상 명절대목을 체감할 정도로 경제효과가 컸습니다.

4. 한국형 기본소득은 경제정책인가 복지정책인가?

지금부터라도 한정된 재원을 사용하는 국가정책은 단일효과가 아닌 복합효과를 내도록 설계해야 합니다. 재난지원금을 현금으로 선별 지급하여 단순히 '지원' 효과만 볼 것이 아니라, 모두에게 지역화폐로 지급해 소득지원과 매출증가 효과에 이어 생산유통 고용의 선순환이라는 경제효과를 동시에 누릴 수 있어야 합니다.

통닭집 주인에게 현금을 지급하면 밀린 임대료 내고 끝이지만, 매출을 올려주면 닭을 사고 알바를 고용해야 하고, 닭을 파는 사람은 닭을 더 키워야 하고, 사료를 더 사야 하고, 사료공장은….

소상공인들이 '나를 골라 현금 주지 말고 국민에게 지역화폐를 주어 매출을 올려달라'고 호소하는 이유가 바로 이것입니다.

지역화폐로 정기 지급하는 기본소득은 가계소득을 지원하는 복지제도인 동시에 경제활성화와 수요확대로 지속성장을 가능하게 하는 4차산업혁명 시대의 획기적 경제정책입니다.

5. 기본소득은 가능한가?

기본소득이 불가능하다는 분들이 드는 이유는 여러 가지입니다. 기초생활비에도 못 미치는 최대 월 50만 원 때문에 노동을 회피할 것이라는 도덕적 해이론은 언급할 가치도 없고, 낙인효과 없이 오히려 복지지원 대상자가 되려고 노동을 피하는 부작용을 막을 수 있으므로 불가론의 핵심인 재정문제를 보겠습니다.

인간의 문제는 인간이 해결할 수 있고, 필요한 정책이라면 외국에 선례가 없다며 지레 겁먹고 포기할 것이 아니라 가능한 방법을 찾아내는 것이 길을 찾아내는 정치인의 일입니다.

정해진 길을 가며 가능한 것을 더 잘하는 것은 행정이고, 새길을 찾아 불가능을 가능하게 하는 것이 정치이기 때문입니다.

우리나라의 복지 관련 지출은 OECD 평균(GDP의 21%)의 절반 정도인 11%로 OECD 평균 도달에만 200조 원(2020년 GDP 약 2,000조 원의 10%) 가량 복지지출을 늘려야 합니다. 금년 국가 예산은 본예산만 558조 원이고 추경예산이 더해질 것이며 향후 매년 증가할 것입니다.

단기 재원마련 방안 : 일반예산 절감

작년 1차 정부재난지원금 수준인 1인당 25만 원을 연 2회 지급(4인 가구 연간 200만 원)하려면 26조 원이 필요한데 이는 국가재정의 5%, 작년 GDP의 1.3%에 불과하여 일반예산 조정으로 얼마든지 만들 수 있습니다.

중기 재원마련 방안 : 조세감면 축소

1인당 25만 원씩 분기별 지급(4인 가구 연간 400만 원)에는 25조 원이 추가로 필요한데, 연간 50조~60조 원에 이르는 조세감면분을 절반가량 축소하면 조달가능합니다.

장기 재원마련 방안 : 증세

우리는 어차피 OECD 절반에 불과한 복지 관련 지출을 늘려야하고 낮은 조세부담률을 끌어올려 저부담 저복지 사회에서 중부담 중복지 사회로 가야 합니다.

이를 위해 증세는 불가피하며, 대다수 국민은 내는 세금보다돌려받는 기본소득이 더 많은 기본소득목적세를 이해하기만 하면 기본소득을 위한 증세에 반대하기보다 오히려 찬성할 것입니다.

기본소득목적세로 증세된 세금은 정부의 일반재원으로 써 없애지 않고 전액 특별회계로 모아 국민에게 공평하게 지역화폐로지급해 경제를 살리고, 가계소득을 지원하며, 부의 양극화를 완화하는 역할로 지속적 경제성장을 담보할 것입니다.

기존 세목에 기본소득목적세를 추가할 수도 있겠지만, 기후위기 극복을 위한 각종 기본소득환경세(대표적으로 탄소사용을 줄이는 탄소세), 데이터 주권 확보를 위해 디지털시대 생산원료인 데이터에 부과하는 기본소득데이터세, 노동을 대체하는 인공지능 로봇에 부과하는 기본소득로봇세, 토지 등 불로소득에 부과하는 기본소득토지세 등을 도입할 수 있습니다.

6. 시행시기는?

한국형 기본소득은 너무 서두를 필요도 없지만, 너무 미뤄서도 안 됩니다.

1인당 연간 100만 원(분기별 25만 원씩) 기본소득은 결단만 하면 수년 내 얼마든지 시행가능합니다. 이 경우 작년 5월 1차재난지원금으로 모두가 행복하고, 경제가 활성화되고, 국민연대감이 제고되는 효과를 거의 1년 내내 누릴 수 있습니다.

증세를 통한 기본소득 증액은 10년 이상의 장기목표 아래 기초생계비 수준인 월 50만 원(연 600만 원, 4인 가족 2,400만 원)이 될 때까지 국민합의를 거쳐 서서히 늘려가면 됩니다.

7. 지급수단은 현금 아닌 지역화폐여야 합니다.

기본소득은 경제정책이기 때문에 현금이 아니라 사용기간과 사용처가 제한된 소멸성 지역화폐로 지급해야 합니다.

이해가 쉬워 대중수용성이 높고 예산도 적게 드는 기본자산제(평생을 준비할 씨드머니로 일정 고액을 일정 연령대에 지급)를 제가 주장하지 않는 것을 의아해 하는 분들이 많습니다.

분명히 말씀드리지만 언젠가 기본소득에 이어 기본자산도 도입해야 하겠지만 현 단계에서 저는 도입에 찬성하지 않습니다.

기본소득은 정기지원금을 지역화폐로 지급해 소비 활성화를 통한 지속성장 추진이 가능하지만, 기초자산은 고액이고 인생 설계에 맡겨야 하므로 시장에서 즉시 소비되는 지역화폐로 지급할 수 없기 때문입니다.

8. 외국사례가 없다고 불가능한 것도 아니고 못 할 이유는 아닙니다.

외국이 기본소득을 도입하지 못하는 경우는 아직 그럴 여력이 없거나, 고복지 국가의 경우 기존 대규모 복지를 기본소득으로 대체해야 하는데, 제도전환의 필요가 크지 않기 때문입니다.

그런데 우리는 어차피 복지관련 지출을 현재의 2배 이상 늘려야 하므로, 증액 재원 일부는 기본복지 강화나 신규복지 도입에 사용하고, 일부는 복지정책이면서 경제정책인 지역화폐형 기본소득에 투입하여 제도 간 경쟁을 통해 더 나은 제도에 더 많은 투자를 해 나가면 됩니다.

우리는 '국채비율 증가를 감수하며 가계소득 지원을 늘려 가계부채비율을 줄이는' 세계 각국의 선례를 따르지 않고 '저 가계지원, 저 국채비율, 고 가계부채비율'이라는 옳지 않은 우리만의 길을 걸어왔습니다.

질적으로 달라진 세계에는 질적으로 다른 새 정책이 필요합니다. 기술혁명, 디지털경제, 초집중의 시대에 양극화 완화, 가계소득지원, 경제 활성화라는 3중 효과를 낳는 복지적 경제정책인 기본소득은 시기 문제일 뿐 결코 피할 수 없습니다.

2021년 2월 7일

재난지원금과
재난소득

인간은 사회적 동물이고 소통수단인 언어에는 표현 이상의 의미가 함축되어 있습니다. 특히 언어가 프레임으로 작동하는 정치 영역에서는 더 그렇습니다.

코로나19로 인한 재난극복을 위해 국민에게 지급되는 돈(지역화폐)을 두고 재난소득이냐 재난지원이냐에 대한 논란도 같습니다.

같은 내용에 대한 비슷한 말 같지만 두 단어에는 주체와 내용 지향에 현격한 차이가 있습니다.

지원의 주체는 정부이고, 소득의 주체는 국민입니다.

지원에는 시혜나 복지의 의미가 강하지만 소득은 당당함과 권리의 의미가 들어 있습니다.

소득은 미래지향적이지만 지원은 일회적 휘발적인 느낌이 강합니다.

국민주권 국가에서 정부는 주권자인 국민을 대신하는 것이고, 모든 정부 재원의 원천은 국민이 내는 세금입니다.

복지는 가난한 자들을 돕기 위한 자선이나 시혜가 아니라 주권자의 인간다운 삶을 위에 헌법이 부여한 국가의 의무이자 국민의 권리입니다.

국민은 자신의 더 안전하고 더 나은 삶을 위해 세금을 내고 대리인을 선출해 권력을 위임한 후 공동체의 안전보장과 질서유지, 번영을 위해 일하도록 명령합니다.

정부의 모든 재원은 국민의 것이고, 정부는 국민을 '위해' 일하기보다 국민의 일을 대리합니다.

그렇기 때문에 국가적 재난으로 국민 모두가 위기를 당했을 때 정부의 재원과 권한으로 국민의 무너지는 삶을 보듬고, 침체되는 경제를 살리며, 미래의 불안을 제거하는 것은 정부의 의무이며 국민의 당당한 권리이고, 이를 위한 재정지출은 국민이 대상으로서 도움받는 지원이 아니라 주체인 국민이 당당하게 권리로서 요구할 소득입니다.

국민의 총소득은 자신의 직접적 기여를 배분받는 소득과 정부 등을 통한 이전소득으로 구성됩니다.

국민 개인의 총소득 가운데 공적 이전소득이 차지하는 비율이 높은 나라가 대체로 선진국이고 복지국가입니다.

우리나라는 공적이전소득 비중이 극히 낮은 나라이고 향후 선진 복지국가로 가려면 공적이전소득의 상향과 이를 위한 증세가 중요과제입니다.

공적이전소득 확대를 위해서는 실업수당 등 사회보장정책 확대도 중요하지만, 코로나19로 급격하게 앞당겨질 4차산업혁명 디지털경제 시대에는 기본소득의 중요성이 더 커질 것입니다.

정부재원을 책임지는 납세자이자 정부정책 결정권의 귀속 주체인 민주공화국의 주권자는 대리인에게 지원을 부탁하기보다 당당하게 소득을 요구해야 합니다.

그러나 결론은, 검은 고양이든 흰 고양이든 쥐만 잘 잡으면 되듯이 명칭을 불문하고 재난극복과 경제회생을 위한 재정정책은 신속한 실제 집행이 가장 중요합니다.

2020년 4월 26일

핀란드 기본소득 실험을
주목할 이유

2년에 걸친 핀란드의 기본소득 실험 연구결과가 발표됐습니다. 기본소득을 받은 사람들은 그렇지 않은 사람들보다 삶의 만족도가 높았고, 타인과 사회에 대한 신뢰도 높았습니다. 반면 스트레스, 우울, 슬픔, 외로움은 덜했습니다.

1년이 채 안 되는 기간 중 고용된 기간은 78일로 대조군보다 6일 더 고용되는 효과도 드러났습니다. 당장은 미미해보일 수도 있지만, 굉장히 유의미한 발견입니다.

일하면 안 주고 일 안 해야 주는 실업급여는 본질적으로 수급과 노동이 대립할 수밖에 없는 구조입니다. 반면, 일하든 안 하든 지급하는 기본소득은 수급과 노동이 상충하지 않습니다. 고용일수 증가라는 본 실험 결과는 후자가 전자에 비해 노동의욕을 더 고취시킨다는 것을 시사하고 있습니다.

이 결과는 "복지를 늘리면 국민이 일 안하고 나태해진다."라는 보수 야당의 주장을 정면으로 뒤엎은 것이기도 합니다. 명백한 현실을 외면한 채 국민을 지배대상으로 여기고 호도하려던 보수 야당은 반성해야 합니다.

기본소득이 노동 의지를 꺾는 것이 아니라 삶의 질을 높이면서 노동 유인의 효과까지 가져오는 것이 확인됐음에도 일부 언론은 고용효과가 크지 않다고 침소봉대하면서 기본소득 무용론을 제기합니다. 애초에 기본소득이 당장의 고용효과 유발을 목적으로 하는 일자리 정책이 아닌데도 말입니다. 그야말로 반대를 위한 반대일 뿐입니다.

실험 참가자 일부가 기본소득으로 자원봉사나 비공식 돌봄활동 등 사회참여 기회를 갖게 됐다는 점은 '생산성은 낮아도 만족도 높은 직업'을 개발하고 실업 충격을 완화시킬 수 있다는 기본소득의 효과를 기대케 하는 대목이기도 합니다.

기본소득은 최소한의 소득을 제공함으로써 실업 충격을 낮추고 삶의 질을 높여서 현존하는 경제 생태계와 체제를 존속시키는 장치이자, 구조화된 실업이 확실시되는 4차산업혁명 시대를 대비한 유일한 대안입니다. 이는 빌 게이츠, 마크 저커버그 등 세계적 기업 CEO와 IMF, OECD, 세계은행 등 국제기구는 물론 프란치스코 교황 등 지도자들이 기본소득 도입의 필요성을 역설하는 이유입니다.

핀란드의 기본소득 실험은 '삶의 질 개선'이라는 유의미한 결과와 함께 앞으로 더 많은 실증 분석이 필요하다는 것을 보여주고 있습니다. 경기도의 재난기본소득이 가져올 경제효과에 대한 분석도 그중 하나일 것입니다. 비록 일시적이나마 모든 구성원에게 지급한 기본소득이 지역경제에 어떤 영향을 끼쳤는지 조만간 도민 여러분께 중간분석 자료를 보고 드리겠습니다.

2020년 5월 7일

기본소득은
복지 아닌 경제정책

k방역 이어 k경제 선도할 때

필요한 것들을 인간노동으로 생산하는 시대가 가고, 기술혁신과 디지털경제로 기계와 인공지능이 인간노동을 대체하는 4차산업혁명시대가 오고 있습니다.

코로나19 전과 후는 수렵 채집에서 농경사회로 전환만큼 큰 질적 변화입니다.

코로나19 이후 시대는 한계생산비가 제로에 수렴하며 공급역량은 거의 무한대로 커지고 글로벌 초거대기업의 초과이윤이 급증하는 대신, 구조적 노동수요(일자리) 축소와 이에 따른 소비절벽으로 수요공급 균형이 무너져 경기침체가 일상이 될 것입니다.

자본주의 시장경제는 시장영역인 공급과 수요, 정부영역인 재정조정으로 구성됩니다. 기본소득은 정부의 재정기능을 통한 안정적 소비 수요 창출로 투자와 생산 공급을 늘려 경제 선순환을 유지합니다.

국민에게 지급되므로 복지적이지만 수요공급 균형회복으로 경제 선순환을 유지시키는 데 더 큰 방점이 있는 경제정책입니다.

노동이 주된 생산수단이고 원하면 일자리를 얻을 수 있을 때의 노동은 생계수단이지만, 인공지능 기계가 생산을 맡아 필요한 것을 얼마든지 생산하면서도 일자리가 없을 때의 노동은 삶의 수단이어야 합니다.

김종인 위원장이나 안철수 대표의 기본소득 도입논의를 환영합니다. 그러나 청년계층이나 취약계층으로 대상을 한정하려는 생각에는 반대합니다.

복지 아닌 경제정책이므로 재원 부담자인 고액납세자 제외나 특정계층 선별로 일부에게만 지급하거나 차등을 두면 안 됩니다. 소액이라도 모두 지급해야 재원 부담자인 고액납세자의 조세저항과 정책저항을 최소화하며 기본소득을 확장해 갈 수 있습니다.

기본소득 도입은 증세를 전제할 것이 아니라, 기존예산 조정을 통해 소액으로 시작한 후, 증세를 통한 기본소득 확대에 국민이 동의할 때 비로소 증세로 점차 증액하는 순차도입을 제안합니다.

공급부족에서 수요부족 시대로 경제 패러다임이 질적으로 변하는데도 과거에 매몰되어 과거 정책의 확장판만 경제정책으로 알면서 기본소득을 복지정책으로 오해하는 것이 안타깝습니다.

작은 우물에서 이제 더 큰 웅덩이로 옮겨가는 마당이라면 우물 안 개구리의 시야도 바뀌어야 합니다.

낙수효과 시대는 갔습니다. 재난기본소득에서 체험한 것처럼 경제 활성화에 유용한 소멸조건 지역화폐형 기본소득으로 직수 효과를 노려야 합니다.

선진국이 못했다고 우리도 못 할 이유가 없습니다.

복지지출 비중이 높아 기존복지를 대체해야 하는 선진국보다 극히 낮은 복지지출을 늘려가야 하는 우리가 기본소득 도입에 더 적합합니다.

의료선진국을 압도한 k방역처럼 기본소득을 통한 k경제로 자본주의 경제사의 새 장을 열어가기를 바랍니다.

2020년 6월 4일

증세와 기본소득
진실 앞에 정직해야 합니다

1. 기본소득은 증세를 전제로 한 복지적 경제정책입니다.

국민총생산중 사회복지지출은 OECD 평균이 21.8%인데 우리는 10.9%에 불과한 저부담 저복지 사회입니다. 고부담 고복지의 북유럽사회는 고사하고 OECD 평균만 이르려 해도 최소 연 200조 원(1919조원의 11%)을 증세해야 합니다.

세금 자체는 안보와 질서, 복지에 쓰여 납세자에게 도움되지만, 낭비된다는 불신 때문에 혐오와 저항이 생깁니다. 세금이 나를 위해 쓰인다고 확신되면 저항할 이유가 없습니다.

전액 배분되어 90%의 국민이 납부액보다 수령액이 많은 기본소득목적세에서는 조세저항은 문제되지 않습니다. 소멸성 지역화폐로 기본소득을 지급하면 복지확충 외에 경제성장 효과를 내고 성장과실을 대부분 차지하는 고액납세자도 만족합니다.

연 20~50만 원으로 시작해 복지경제효과와 국민동의가 검증
된 후 증세로 재원을 만들어 적정규모(월 50만원)까지 연차(10년
~20년) 증액하면 증세, 복지증진, 경제활성화를 동시에 이룰 수
있습니다.

2. 기본소득의 복지대체는 사실이 아닙니다.

기본소득은 국민동의 하에 새 재원을 만들어서 하는 것이므로
(소액의 체험용은 예외) 복지대체는 기우입니다. OECD 절반에 불과
한 복지는 확대해야지 대체축소할 것이 아닙니다.

3. 증세 없는 기본소득 주장(소위 안심소득)은 허구입니다.

'증세 없는 기본소득' 주장은 기존복지를 대체하는 조삼모사 정책으로 국민동의를 받을 수 없고 복지증진에도 경제활성화에도 도움 안 되는 실현불가능한 주장입니다.

4. 기본소득은 전국민고용보험과 충돌하지 않습니다.

일자리 유지를 전제로 일시실업에 대한 단기대증요법인 전국민고용보험도 필요하고, 일자리가 사라지는 4차산업혁명 시대의 장기근본대책인 기본소득도 필요합니다. 이 두 가지는 충돌하는 것도 택일적인 것도 아닙니다.

납세자와 수혜자가 분리되는 전국민고용보험 재원은 증세로 만들기 어렵지만, 납세자와 수혜자가 일치하는 기본소득 재원은 증세로 마련할 수 있습니다.

5. 확보된 돈을 어디에 쓸지와 어떻게 돈을 마련할지는 다른 문제입니다.

'모두에게'보다 일부 어려운 사람만 지원하는 것이 효율적이라는 주장은 기확보된 재원을 쓸 때는 맞는 말이지만, 새로운 재원을 만들어야 할 때는 틀린 말입니다. 자신에게 혜택 없는 새 부담을 흔쾌히 질 납세자는 없기 때문입니다.

열 명에게 천 원씩 나누기 위해 1만 원을 능력에 따라 걷기는 쉬워도, 어려운 한 명에게 1만 원을 주기 위해 5명이 2천 원씩 걷기는 쉽지 않습니다.

기본소득은 모두에게 지급되는 복지경제정책으로 증세하기 쉽지만, 소수만 혜택 보는 선별복지나 고용보험을 위한 증세는 쉽지 않습니다.

6. 진실 앞에 정직해야 하고, 국민의 집단지성을 믿어야 합니다.

조세저항 때문에 재원 마련을 외면하는 사람들은 '있는 돈을 어디에 쓸지'만 고민한 결과 선별지급에 매몰됩니다.

복지증진과 죽어가는 경제를 살리려면 복지와 경제정책의 확대가 필요하고 이를 위한 증세 역시 불가피함을 공개적으로 인정해야 합니다.

1억 개의 눈과 귀, 5천만 개의 입을 가진 집단지성체인 국민을 믿고, 유효한 복지경제정책을 위한 증세는 모두에게 도움되는 점을 설득해야 하고, 얼마든지 동의를 끌어낼 수 있습니다.

2020년 6월 23일

기득권자와 미래통합당은
왜 가난한 사람에게 더 주자고 할까요?

미래통합당이 기득권 부자 정당임은 공지의 사실입니다. 그런 미래통합당이 왜 가난한 사람을 골라 지원하자는 선별지원(복지)에 목을 맬까요? 진실로 부자를 희생(지원 제외)시키면서 다수 서민에게 더 많은 혜택을 주려는 것일까요?

서민의 혜택을 줄임으로써 부자의 부담을 줄이려는 정치적 레토릭이라는 생각이 오해이길 바랍니다.

선별지원은 재원조달이 어렵습니다

이미 확보된 재원을 집행하는 것이면 가난한 사람만 지원하는 것이 효과적입니다. 그러나 누군가 세금을 내 재원을 마련해야 한다면, 고액납세자(고소득 고자산가)에겐 혜택이 없고 소액납세자만 혜택 보는 제도는 조세저항 때문에 재원확보가 어려워 지출 확대는 불가능해집니다.

선별지원(복지)은 재원을 고정시키는 효과가 있어 부자의 부담과 서민의 혜택을 동결시키고, 저부담 저복지에서 고부담 고복지로 가야 하는 우리나라에서 조세 부담과 복지 총량 증가를 가로막는 장치로 작동합니다.

선별지원 주장은 겉으로는 서민을 위하는 것 같지만 본질적 장기적 측면에서는 서민복지를 고정시켜 부자의 부담증가를 막는 교묘한 전략으로 미래통합당의 기본전략입니다. 학교급식이 그랬고, 아동수당이 그랬고 기초연금이 그랬습니다.

개인은 이익을 늘리는 것이 능사지만, 정치에선 모두 함께 살아야 합니다. 정책은 언제나 재원이 뒷받침되어야 하므로 '재원을 확보해 가며' 하는 정책은 재원마련에 기여하는 고소득자들의 조세저항이나 정책저항이 없게 해야 실현 가능합니다.

서민선별 지원은 고액납세자의 조세저항과 복지정책 저항을 불러 오히려 서민 복지(지원) 총량을 고착화시키고 부자들의 조세 부담을 낮추게 됩니다.

선별지원은 국민통합을 저해합니다.

정치에선 효율만큼이나 통합이 중요합니다. 코로나19로 어렵지 않은 사람이 없는데, 선별지원을 하면 지원제외자는 세금은 많이 내고도 제외되어 억울할 것이고, 지원대상자는 어렵게 가난을 증명한 후 선정되어도 저소득자 낙인 때문에 서러울 것입니다. 국민을 통합해야 할 국가는 서러운 지원 대상자와 억울한 지원 제외자로 나눠 국민을 갈등하게 하면 안 됩니다.

빈민구호정책이나 자선사업이 아니고, 국민이 낸 세금으로 하는 '코로나 경제위기 극복정책'이라면 고액납세자를 우대하진 못할망정 차별하는 것은 평등원칙 위반입니다. 학교급식을 선별지원 하려다 결국 보편지원으로 결정한 경험도 있습니다.

우리 사회는 80:20 사회가 아니라 이미 99:1 사회입니다. 하위 50%나 80%나 지원을 차별할 만큼 소득 차이가 크지 않습니다. 50%와 50.01%는 왜 차별해야 하며 지원여부 구분선은 어디에 그어야 할지 기준조차 없습니다.

기준선을 설정해도 기준충족은 무엇으로 판단합니까? 소득, 재산(동산, 부동산, 예금, 채권, 무체재산권), 부채 등 무엇을 기준으로 판단할지 불명확합니다.

조사와 판단에 엄청난 시간과 사회적 비용이 필요하고 조사판단의 정당성과 신뢰 확보도 쉽지 않습니다. 굳이 선별지급하다 결국 전원지급으로 선회한 아동수당의 경험도 되새겨야 합니다.

이번 총선 당시에도 선별지급하려다 국민여론에 밀려 결국 전원 지급했습니다. 선별지급을 주장하던 미래통합당 황교안 대표도 국민의 뜻에 굴복하여 1인당 50만 원 지급을 다급하게 제시

했습니다. 선거 때든 선거 때가 아니든 정치는 국민의 뜻에 따라야 합니다. 때에 따라 입장이 달라지면 오해를 받습니다.

지급할 금액이 정해진 것도 아니니 하위 50%에 60만 원 줄 돈이라면 모두에게 공평하게 30만원씩 지급하면 됩니다. 남는 돈으로 하는 빈자구호 자선정책이 아니라 세금으로 하는 국가의 위기극복 경제정책이기 때문입니다.

미래통합당이 부자 기득권 정당의 오명을 벗을 기회입니다.

고액납세자의 조세부담 증가를 막고, 서민지원(복지)총량을 늘리지 못하게 하는 선별지원 정책 포기는 미래통합당이 부자기득권 정당의 오명을 벗는 길입니다. 미래통합당이 상식과 국민의 뜻에 따라 진정한 친서민 국민정당으로 거듭나기를 기대합니다.

2020년 8월 25일

'기본소득 탄소세'에
주목할 5가지 이유

우리나라는 파리기후변화협약 가입국입니다. 최근 문제인 대통령님께서 2050년 탄소중립을 선언하셨고, 10년 내 석탄 발전 비중을 현재의 30% 미만으로 감축해야 합니다.

기후변화에 대응하면서, 각종 경제 문제 해소 및 경제 대순환의 마중물이 될 수 있는 정책이 있다면 서둘러 도입을 검토하는 것이 맞습니다. 그래서 '기본소득 탄소세'에 주목해야 합니다.

첫째, 기본소득 탄소세는 화석연료 사용량을 감소시켜 탄소제로에 기여할 것입니다. 탄소배당을 도입한 스위스는 탄소배출량을 1990년 100%에서 2018년 71%까지 감소시켰습니다.

둘째, 기본소득 탄소세는 산업 분야의 기후변화 대응에도 유용합니다. 탄소규제가 국제무역의 새로운 쟁점으로 떠오른 가운데,

우리 기업들도 유럽국가들로부터 관세 강화와 수입 거부 등 위반 제재를 피하려면 탄소 감축에 나서야 합니다. 탄소 감축을 유도하는 기본소득 탄소세는 기업의 탄소제로경영 촉매제 역할을 하며 국제경쟁력 확보에 도움을 줄 것입니다. 나아가 기술혁신과 대체에너지 산업 육성 등 미래산업 재편을 촉진하고, 탈탄소 제품 및 서비스 보급은 물론 새로운 일자리 창출에도 이바지할 것입니다.

셋째, 기본소득 탄소세는 증세 저항도 '최소화'합니다. 증세에 대한 반발은 세금이 다른 목적으로 쓰일 것이라는 '불신' 때문입니다. 목적세로 탄소세를 도입하고 기본소득 외에 쓸 수 없도록 하면, 세금을 내는 만큼 기본소득으로 100% 돌려받으니 세금 누수의 '불신'은 사라지고 따라서 증세 저항도 줄어듭니다. 미국 경제학자들도 탄소세의 공정성과 정치적 존속 가능성 극대화를 위해 전국민 배당 지급을 주장합니다.

넷째, 기본소득 탄소세는 소득 불평등을 완화하는 데 도움을 줍니다. 기본소득 탄소세를 시행하면 전체의 70%는 내는 세금보다 받는 기본소득이 더 많습니다. 즉, 부의 재분배 역할을 하게 됩니다.

다섯째, 재난기본소득에서 증명됐듯, 기본소득 탄소세를 지역화폐로 전국민 지급 시 골목 곳곳에서부터 경기가 살아나고 국가적인 경제 대순환이 이루어질 것입니다.

화석연료에 부과한 세금 수익을 전 국민에게 지급하는 방안은 환경과 경제를 살리는 1석 5조 정책입니다. 모든 국민이 건강한 환경에서 경제적 기본권을 누리며 살아갈 수 있도록 정부와 국회가 '기본소득 탄소세' 도입 논의에 나서주길 기대합니다.

2020년 11월 10일

이 시대의 새로운 가치로
교황께서도 제안한 '기본소득'

　미국에서 가장 사랑받는 대통령 중 한 사람인 프랭클린 루즈벨트는 소수의 개인과 대기업의 횡포에 맞서 정부의 권위를 세워 분배의 정의를 실현하고 미국 복지의 토대를 마련했습니다. 그런데 그의 어머니는 전에 없던 새로운 정책을 펼치는 아들을 보며 사회주의자가 되었다고 깊이 상심했다고 하지요.

　급진적이라 지탄받던 '뉴딜정책'은 미국의 부흥을 이끌어냈고 반대당인 공화당조차 정치이념의 발판으로 삼을 만큼 보편적인 철학이 되었습니다. 1920년대 사회주의라 비난받던 정책은 1930년대 이르러 '완전한 미국주의'로 거듭난 것입니다.

　지금 이 시각에도 많은 국가가 옛날에는 상상도 할 수 없었던 정책을 쓰고 있습니다. 시장주의의 선봉에 섰던 영국은 코로나

19 사태로 직원을 자르지 않으면 정부에서 직원 임금의 80%까지 보존해주는 정책을 내놓았고 자영업자에게도 지난 3년 소득 기준 80%를 지원하기로 했습니다. 우리는 이제 자본주의를 새롭게 바라봐야 합니다.

2008년 금융위기 이후로 오래도록 이어진 저금리 기조에 실물 경제와 괴리된 채로 자산 가격만 올라가고 있습니다. 자동화, 글로벌화, 감세 등으로 노동비용이 감소하면서 기업의 이익은 커지는 반면, 매출 대비 직원 급여의 비율은 눈에 띄게 줄고 있습니다.

가계 가처분 소득이 줄어드니 수요가 부족하고 공급과잉의 경제로 접어들었습니다. 빌 게이츠, 마크 저커버그, 일론 머스크 등 이 시대 자본주의 최첨단에 위치한 기업인들이 '기본소득'을 주장하는 이유가 있습니다. 기존의 기업성장주도, 낙수효과와 같은 방식으로는 기업도 살아남을 수 없기 때문입니다.

교황께서도 기본소득을 지지하며 "기술관료 패러다임이 이번 위기나 인류에게 영향을 미치는 다른 거대한 문제들에 대응하는 데 있어 충분치 못하다는 점을 정부들이 이해했으면 한다"고 말씀하셨습니다.

기본소득은 더이상 낯설거나 새로운 정책이 아닙니다. 이제는 더욱 구체적인 세부 논의로 들어가야 할 때입니다.

'기본' 없는 기본소득으로
국민 기만하는 국민의힘

취약계층을 집중적으로 지원하는 '로빈후드 정책'이, 보편적 지원의 '마태 정책'보다 실제로는 취약계층에 더 불리하다는 '재분배의 역설'은 조금만 생각해봐도 쉽게 이해할 수 있습니다.

사회구성원을 나누고 갈라 일부에만 혜택을 준다면 중산층을 비롯한 구성원 다수가 복지확대에 부정적이고 재원을 만드는 증세에 저항할 것입니다.

기본소득에 대한 국민지지가 높으니, '국민의힘'이 기본소득을 제1정책으로 채택했고, '기본소득'을 내건 여러 제안이 나오고 있습니다.

그런데 국민의힘이 주장하는 '기본소득'에 정작 기본이 없습니다.

기본소득의 핵심개념은 '공유부를 모두에게 공평하게'인데, 기본소득이 당의 제1정책이라면서 당이나 당 소속 정치인들은 차등과 선별을 중심에 두고 있습니다.

중위소득 50% 이하 가구를 선별해 지원하는 기본소득, 최저생계비 이하 소득계층에 대한 기본소득론 등이 그것입니다. 심지어 제게 기본소득을 포기하라는 국힘당 소속 정치인까지 나섰습니다.

국힘당이 기본소득을 전면에 내세웠지만, 전혀 그럴 일이 없다는 것을 표현한 것이겠지요.

'기본' 없는 기본소득은, '갈비 없는 갈비탕'처럼 형용모순이자 대국민 속임수입니다.

국힘당과 소속 정치인들의 이같은 행보가 '로빈후드 정책'처럼 기본소득의 사회적 동의 지반을 갉아먹지 않을까 우려됩니다.

이에 더해 기존 복지를 통합·축소하자는 주장으로 나아가 안 그래도 빈약한 복지를 약화시키려는 것은 아닌지 의문이 듭니다.

기본소득은 흘러간 시대의 구빈정책이나 자선이 아닙니다. 무한대의 공급역량과 전례 없는 수요부족으로 자본주의 체제가 위협받을 4차 산업혁명 시대에, 세금 내는 국민의 권리로서 복지를 확대하고 시대적 과제인 양극화를 완화하며, 소비 수요확충으로 경제를 살리는 융합적 복지경제정책입니다. 기본소득 논의에 국민의힘 정치인들께서 보다 진정성 있게 임해주시길 요청합니다.

기본소득은 '**혁신을 위한 모험**'을
이끌어내는 투자입니다

누구는 평생 땀 흘려도 뛰는 집값을 따라가지 못하고, 누구는 노력도 없이 대대손손 부가 쌓인다면, 이런 나라가 얼마나 지속될 수 있을까요?

대한민국의 양극화 속도가 너무 빠릅니다. 토지 계급화 때문입니다. 대한민국 정부 수립 시 단행된 토지개혁으로부터 불과 70년 정도가 흘렀지만, 토지 집중은 세계 어떤 나라보다 심각하고 상대적 빈곤율은 자본주의 역사 3백 년의 미국과 유사한 수준입니다.

세계 자본주의 발전사를 봐도 실업급여, 건강보험 같은 사회적 안전망을 제공하고 정부가 적극적으로 계층 간 이동의 사다리를 넓힌 나라들만이 혁신을 통한 경제발전의 선두 그룹을 형성해왔습니다.

반면, 일해서 버는 소득으로는 임대료 내기에도 벅차고 R&D 투자 보다는 부동산 투기가 훨씬 남는 장사라면, 개인이든 기업이든 혁신을 위한 모험을 감수할 이유가 없습니다. 개인도 기업도 부동산 일확천금이나 노리는 사회에서 소비-투자 선순환을 통한 지속적 성장이 가능하겠습니까.

기본소득은 한편으로 복지정책의 성격을 띠면서도, 국민 모두에게 사회안전망을 제공해 혁신을 위한 모험을 이끌어내는 미래를 위한 투자이자, 자본주의의 건강한 선순환을 위한 4차 산업혁명기의 새로운 경제정책입니다. 또한, 기본소득 재원의 하나가 국토보유세이기 때문에, 토지 불로소득 환수와 주택가격 안정에도 큰 도움이 될 것입니다.

준비하는 자에게 미래는 이미 눈앞의 현실입니다. 이달 28일부터 열리는 2021 기본소득박람회를 앞두고 오늘부터 온라인전시관을 오픈합니다. 온라인전시관에 접속하셔서 기본소득, 기본주택, 지역화폐 등 경제적 기본권 공론의 장에 함께 해주시길 바랍니다.

2021년 4월 1일

차별급식 시즌2 '안심소득', 부자는 죄인이 아닙니다

철학의 차이는 어쩔 수 없나 봅니다. 저소득 자녀만 골라 무상급식하자며 차별급식 논쟁을 일으키셨던 오세훈 서울시장께서 중위소득 이하 가구만 선별 지원하는 '안심소득'을 시작하셨습니다.

일자리가 대거 사라지고 소득 불평등이 격화되며, 양극화에 따른 소비수요 침체로 구조적 경기침체를 겪는 4차 산업혁명 시대에 소득 양극화 완화와 동시에 골목상권 매출 증대로 경제성장을 담보하는 '지역화폐형 기본소득' 정책과는 정확히 상반되는 정책입니다.

오 시장님의 안심소득은 기본소득 도입을 제1 정책으로 하겠다는 국민의힘의 정책 방침에도 어긋납니다. 빌 공(空)자 공약으로 대국민 기만을 밥 먹듯 하던 국민의힘당의 폐습의 발현인가요, 아니면 오 시장님의 개인적 일탈인가요?

결국, 국민께서도 익숙하신 선별과 보편, 차별과 공평, 시혜와 권리, 낙인과 당당함의 논쟁입니다. 무상급식 논쟁과 다른 면이라면 '현금성 복지냐, 소멸 지역화폐형 경제정책이냐' 정도가 추가됩니다.

결론부터 말씀드리면 안심소득은 저성장 양극화 시대에 맞지 않는 근시안적 처방입니다. 소득 때문에 더 많은 세금을 낸 고소득자는 제외하고 세금 안 내는 저소득자만 소득지원을 하여 중산층과 부자를 세입을 넘어 세출 혜택까지 이중 차별하고, 국민을 '세금만 내는 희생 집단'과 '수혜만 받는 집단'으로 나눠 갈등 대립시키고 낙인을 찍는 낡은 발상입니다.

특히 재원 부담자 즉 납세자와 수혜자의 분리로 조세저항을 유발함으로써 재원 마련을 불가능하게 하고, 현금지급으로 매출 증대에 따른 경제활성화 효과는 전혀 기대할 수 없습니다.

소멸성 지역화폐를 기본소득 방식으로 보편지급한 13조 원의 1차 재난지원금이 40조 원에 이르는 2,3,4차 현금 선별지원보다 경제효과가 큰 것은 통계로 증명될 뿐 아니라 국민께서 체감하셨습니다.

equality(평등)와 equity(공평)의 차이를 설명하는 야구장 그림, 워낙 유명해서 한 번쯤 보셨을 겁니다. 오 시장께서도 해당 그림

을 인용하셨지요.

반침대를 선별 지원하는 사고에서 담장을 일괄적으로 낮출 생각은 왜 못할까요? 야구장 외야석을 대폭 늘리는 방법은 어떤가요? 전자는 대전환 기술혁명 시대의 질적으로 새로운 정책인 기본소득이고, 후자는 기술혁신에 따른 혁명적 생산력을 보여줍니다.

그림의 논리를 그대로 차용해도 문제는 남습니다. 바로 상자들을 만드는데 키 큰 사람들이 훨씬 많은 비용 아니 대부분을 내야 한다는 점입니다.

중산층과 부자는 죄인이 아닙니다. 성공하였을 뿐 평범한 사람인 그들에게 일방적 희생과 책임을 강요하는 재원조달은 동의받기 어렵습니다.

보편적인 것이 공정한 것입니다. 소득지원이 단지 시혜적 복지지출이 아니라, 모두가 공평하게 누리고 경제에 활력을 일으켜 파이를 키우는 것이라는 점을 입증해야 실현이 가능해집니다.

세계에서 대한민국이 국가재정지출 가운데 가장 가계소득 지원금이 적고, 가계부채비율은 가장 높습니다. 그 덕분에 국가부채 비율이 가장 낮은 것이겠지요.

중산층과 부자가 낼 세금으로 만드는 재원임을 고려하여, 가계소득지원을 할 경우 지원방법으로 차별적 선별 현금지원(안심소득)이 나은지, 공평한 지역화폐 지원(기본소득)이 나은지는 여러분이 직접 판단해 주십시오.

2021년 5월 28일

청년 여러분의 꿈은
무엇인가요?

저는 초등학교 다닐 때 선생님이 되고 싶었습니다. 그게 제가 아는 세상의 전부였으니까요. 초등학교를 마치자마자 공장에 들어갔는데, 그때는 공장 관리자가 되는 게 꿈이었습니다. 관리자가 되려면 고등학교 졸업장이라도 있어야 한다기에 열심히 검정고시 공부를 했지요. 그리고 대학 때는 그저 생맥주에 노가리나 실컷 먹는 게 소박한 꿈이라면 꿈이었습니다.

대학 시절에는 땡전 한 푼 없이 전국을 돌아다니기도 했습니다. 자전거 한 대가 유일한 소지품이었습니다. 만약 제가 그 시절로 돌아가 청년기본소득을 받는다면 주저 없이 여행을 택할 것 같습니다. 아무래도 주머니에 총알이 있으면 그때보다야 더 많은 것들을 보고 느끼고 배울 수 있었겠지요?

비록 저의 청춘 시절보다 많은 것을 가지고는 있다지만 이 성장이 멈춰버린 시대, 실패가 용납되지 않는 시대에 청년 여러분이 얼마나 힘들고 불안할지 감히 헤아리기가 어렵습니다. 더욱이 앞으로 4차 산업혁명이 도래하면 결국 인간이 둘로 나뉠지도 모릅니다. 기계보다 생산성이 높은 아주 극소수의 인력, 그리고 기계보다도 값싼 인력. 이대로라면 극단적인 격차 속에 자유민주주의 체제 자체가 붕괴될 수도 있습니다.

저는 이 문제의 해법이 결국 '공정'에 있다고 봅니다. 모두 함께 나누어 공평하게 기회를 누리자는 것이지요. 기본소득이란 이런 관점에서 시작됐습니다. 물론 지금의 청년 기본소득은 24세에게만 그것도 연 100만 원을 지급하니 낯 뜨거울 정도로 걸음마 수준이긴 합니다. 그러나 공유재산을 모두 함께 나누는 시도 자체로 큰 의미가 있다고 생각합니다.

한 친구가 배당을 받고 인스타에 올린 글을 봤습니다. '액수를 떠나 청년이 사회로부터 뭔가 배려받고 있다는 생각이 들었다'고요. '처음으로 배불리 과일을 사 먹었다'는 친구도 있었지요. 청년 여러분. 주저 말고 필요한 곳에, 원하는 곳에 쓰십시오. 이 작은 여유라도 마음껏 누리십시오. 여러분은 그래도 좋습니다!

2019년 5월 28일

2차 전국민재난지원금
지급해야

초과 세수로 추경 재원이 발생했다고 합니다.

이번 추경의 핵심은 당연히 지역화폐로 지급하는 제2차 전국민재난지원금이어야 합니다. 그 이유는 첫째 서민경제 살리기 둘째 방역 최전선에서 희생한 국민의 피해보전입니다.

첫째 서민경제 회복에 도움이 되는 추경이라야 합니다.

경제가 회복중이지만 K자형이라 회복의 온기가 서민경제 전체에 미치지 못하고 있습니다. 이번 추경은 그래서 서민경기회복효과가 큰 지역화폐형 전국민재난지원금이어야 합니다.

현금으로 선별지원한 40조 원 가까운 2~4차 재난지원금에 비해 규모가 3분지 1에 불과한 13조 4천억 원의 1차 재난지원금이 훨씬 경제효과가 컸다는 것은 통계적으로나 체감상 증명되었습니다. 1차 재난지원금이 지급된 2~3개월은 서민경제가 사실상 명절 대목이었고 소매 매출이 전년 수준을 뛰어넘기까지 했습니다. 저축 가능한 현금이 아닌 시한부 전자화폐여서 소비 매출이 늘 수밖에 없었고, 대규모 점포 아닌 동네 골목 소상공인에게만 사용하므로 승수효과가 컸기 때문입니다.

둘째, 코로나19로 고통받으면서 방역에 적극적으로 협력한 국민의 피해를 적극적으로 보상해야 합니다.

세계에 자랑할 K방역은 방역 당국 역량도 중요했지만, 국민의 적극적인 협조와 희생 덕분이었습니다. 국가가 마스크 착용을 요구하자 새벽에 줄 서가며 자기 돈으로 마스크를 사 착용하고, 마스크가 없으면 출입을 자제하는 그런 국민은 전 세계에 없습니다. 국가가 책임져야 할 방역의 최전선에서 맹활약하며 피해를 고스란히 감수한 이 나라의 주인들에게 국가는 가능한 범위에서 최대한 보상함이 마땅합니다.

대한민국은 전 세계에서 국가의 가계소득지원이 가장 적고, 그 덕분에 가계부채비율은 세계 최고이며 국가부채는 최저수준이라는 잔인한 현실과 2~4차 선별지원보다 1차 보편지원이 가계소득 격차 완화에 더 도움이 되었다는 사실을 직시해야 합니다.

셋째, 경제주체 중 가장 피해가 큰 분야는 골목상권의 소상공인들입니다.

집합금지 등 행정명령으로 직접 피해를 보았고, 사회적 거리

두기로 일상영업에서 심각한 피해를 광범위하게 입었습니다. 경제를 살리려면 매출이 늘고 돈이 돌아야 합니다. 현금 수백만 원을 받은들 밀린 임대료 내면 끝이지만, 지역화폐로 매출을 지원하면 떡집은 떡을 팔고, 싸전은 떡쌀을 팔고, 정미소는 도정을 하며, 이들이 적으나마 번 돈은 또 골목에 쓰여집니다. 미래가 불안한 불황기에 현금 지급은 승수효과가 적어 액수가 커도 경기 활성화에 큰 도움이 안 되는 것은 이제 상식입니다. 절박한 상황에서도 매출이 늘어야 경제가 사는 것을 몸으로 아는 소상공인들이 '내게 현금이 아니라 매출을 달라'고 외치는 이유를 숙지해야 합니다.

마지막으로, 선별현금 지급은 시혜적 복지정책에 불과하지만, 보편적 지역화폐 지급은 중첩효과를 내는 복지적 경제정책입니다.

일본의 헬리콥터 머니처럼 현금을 지급하면 소비되지 않고 축장됩니다. 이 때문에 선별 현금지급은 소비증가 효과가 적어 복지정책에 머물지만, 보편적 지역화폐 지급은 가계소득을 증대시키고 소득 양극화를 완화하는 복지정책인 동시에 매출 증대로 경제를 활성화시키는 강력한 경제정책인 것입니다. 재정이 화수분이 아닌 이상 가성비가 높게 사용되어야 합니다.

국가 경제정책의 혜택은 가난한 사람만이 받는 시혜적 복지가 아니며, 세금 내는 국민의 당당한 권리입니다. 당·정·청에 제2차 전국민재난지원금 지급을 요청드립니다.

기본소득 비판에 대한
반론

국민의 삶과 국가의 미래가 걸린 정책, 그중에서도 처음 시도되는 정책은 치밀하고 완벽해야 하며, 감정적 비난이나 정쟁이 아닌 한 건전한 비판과 논쟁은 정책 완결성을 높여주는 것이니 언제나 환영합니다.

1. 기본소득은 복지정책 이상의 복지적 경제정책

야권에서 주장하는 안심소득은 차별적 현금복지정책이 맞지만, 기본소득은 보편적 소득지원으로 복지적 성격이 있기는 하나, 주로는 지역화폐로 소상공인 매출을 늘려 경제활력을 찾는 경제정책입니다.

현대자본주의의 최대 문제는 신자유주의 무한경쟁 및 기술혁명에 따른 고용 없는 성장, 자산·소득의 극단적 양극화에 따른 자원과 기회 활용의 비효율성, 공급역량에 비해 부족한 수요로 인한 저성장 등입니다.

경제는 순환이고, 핵심축은 공급과 수요입니다. 수요·공급 두 바퀴 중 작은 바퀴만큼만 굴러가므로 공급이 부족하면 공급에, 수요가 부족하면 수요에 역량을 투입해야 합니다.

'투자할 곳은 많은데 투자할 돈이 부족'하던 시대에는 공급에 역량을 집중하면 투자•고용•소득•소비•수요, 다시 투자•고용•소득 순차 증가의 선순환으로 고도성장이 가능했지만, 경제 환경의 질적 전환으로 '투자할 돈은 넘쳐나지만 투자처는 적어' 저성장이 고착화되는 지금은 수요 강화에 역량을 투입해야 합니다.

지역화폐 기본소득은 소상공인 매출을 늘리고 유통 대기업에 집중된 매출을 승수효과가 큰 골목상권으로 환류시켜 경제 회생에 유용합니다.

40조 원에 이르는 2~4차 선별현금지원의 1/3에 불과한 1차 재난지원금이 지역화폐 보편지급으로 엄청난 경제효과를 명백히 증명했습니다.

소상공인 매출 지원용 지역화폐(소비쿠폰)는 가난한 이를 위한 복지가 아닌 모두를 위한 경제정책 수단이므로 그 혜택은 국민 모두에게 공평하게 지급되어야 합니다.

2. 기본소득 비판에 대한 반론

기본소득에 대해 야권뿐 아니라 여권에서도 많은 비판이 제기되고 있습니다. 답을 드리는 것이 도리여서 몇 가지 중요한 지적에 대해 제 의견을 말씀드립니다.

가. 재원대책

'재원 대책 없는 기본소득은 허구'이며 '연 300조 원은 국가 예산 절반'으로 현실성이 없다는 이낙연 전 대표님의 말씀이 있었습니다.

저소득자만 혜택받고 실질적 재원 부담자인 고소득자가 배제되는 안심소득과 달리 기본소득은 담세자(擔稅者)도 수혜자여서 조세저항이 적더라도 부담증가에 대한 국민동의가 쉽지만은 않은 것이 사실입니다.

그래서 단기적으로는 국민부담증가 없이 예산 절감으로 연 25조 원을 마련해 1인당 50만 원을 전후반기로 나눠 지급하면서 기본소득의 양극화 완화 및 경제효과에 대한 국민 공감을 형성하면서,

중기적으로 조세감면(연 5~60조 원) 25조 원을 축소해 분기별로 4회 지급하고, 장기적으로 기본소득세에 대한 국민동의를 전제로 3~4천조 원에 이를 GDP와 1천 수백조 원대 국가 예산 증가에 맞춰 인당 기초생활수급액인 월 50만원을 목표로 순차 기본소득목적세(탄소세, 데이터세, 로봇세, 불로소득 토지세 등)를 도입하며

늘려가자는 말씀을 여러 차례 드렸습니다. 위 재원 대책을 판단에 참고해 주시기 바랍니다.

10~20년 이상의 장기목표를 가지고 국민소득 3~4천조 원, 국가 예산 1천 수백조 원에 이르러 인당 월 50만 원을 지급하는 최종목표 달성 시에 필요예산이 300조 원이므로 이를 현 예산과 비교할 일은 아닙니다.

나. 시범실시

이광재 후보께서는 전면실시는 위험하며 시범실시해야 한다고 지적하셨는데 공감합니다.

국민 여론에 따라 융통성 있게 확대과정을 '전 국민 대상으로 소액에서 고액으로' 대신 '고액으로 특정 연령, 특정 지역에서 전역으로' 하거나 병행하는 것도 좋은 방안입니다.

현재 경기도는 이미 특정 연령대인 24세 청년에게 청년기본소득을 시행 중이고, 소멸위험이 큰 면단위 농촌 대상으로 '농촌기본소득'의 시범실시도 준비중입니다.

다. 기본소득 금액

정세균 전 총리님과 이광재 후보께서 단기목표액인 연 50만 원을 월 4만 원으로 환산하며 너무 액수가 적다고 지적하십니다.

첫술 밥에 배부를 수 없습니다. 분기 또는 반기별 25만 원 지급을 월별로 나눌 필요도 없지만 연 50만 원은 점진적 중장기정책의 단기목표일 뿐이고, 대다수 국민에게는 4인가구 연 200만

원 또는 400만 원은 목숨이 오갈 큰돈입니다.

필요성은 인정하되 소액이 문제라면 특정 부문, 특정 연령부터 전 연령, 전 영역으로 확대해 가는 방법도 있습니다.

3. 차별급식시즌2 안심소득에도 관심을.

정책이란 옳고 그른 진리 문제가 아니라 효율성과 우선순위가 중요한 가치판단과 선택의 문제입니다.

경제 문화 등에서 선진국인 우리나라지만 복지에 관한 한 OECD 평균에 비해서도 훨씬 높은 노인빈곤율과 자살, 낮은 사회안전망, 부족한 가계소득지원과 높은 가계부채, 낮은 국민(조세)부담 등 저부담 저복지 국가이며 향후 중부담 중복지를 거쳐 고부담 고복지로 가는 과제를 안고 있습니다.

소득지원, 양극화 완화, 경제성장을 위해 부담률과 복지지출을 늘리는 방안으로서 기본소득만 옳고 안심소득은 그르다는 것이 아니라, 기본소득이 더 낫다는 말씀을 드리는 것입니다.

안심소득도 전통적 복지의 확대도 재원은 결국 세금인데, '담세자 수혜자 따로국밥'이 되면 소득상위자의 '빈자지원용 세금을 혜택 못 받는 내가 왜 내냐'는 조세저항이 불가피합니다.

안심소득은 일 안 하는 4인 가구가 3000만 원을 받게 되는데 월 200만 원(연 2,400만 원)을 벌어도 안심소득이 1,200만 원 줄어 결국 일해봐야 100만원 소득밖에 늘지 않으므로 선별복지의 문제점으로 지적되는 노동회피 유인이 있습니다.

안심소득과 전통적 현금복지는 현금지급이라 경제효과가 제한적이지만, 지역화폐 기본소득은 소득지원에 더하여 골목상권 소상공인 매출지원이라는 매우 큰 경제효과가 있습니다.

지역화폐 기본소득은 노동회피 유인이 없고, 경제효과가 크며, 모두가 수혜자여서 조세저항 정도가 낮아 지속적 재원마련이 용이합니다. (9:1의 소득 불평등 때문에 십중팔구는 내는 세금보다 받는 기본소득이 더 많음)

보편복지를 추구하는 민주당의 당원으로서 선별복지 정책인 야권의 안심소득에도 관심을 부탁드립니다.

논쟁을 통해 안심소득이 향후 세심한 설계로 노동기피 해소책과 현실적 재원 조달책이 보완되고 지역화폐형 기본소득 이상의 경제적 효용이 보강되기를 바라며, 이광재 후보님 말씀처럼 지역별 연령별로, 안심소득과 기본소득을 각각 시범 시행하여 정책경쟁을 통해 정책효과를 비교 검증해 보는 것도 좋은 방법입니다.

국민의힘은 기본소득을 정강정책으로 채택하고 현금복지를 비난하면서도 일정 기준 미달자를 선별해 가난할수록 더 많은 현금을 지급하자는 선별적 현금복지를 주장하고 있습니다.

보편복지를 추구하는 더불어민주당의 당원으로서 기본소득 간판을 걸고서도 차별급식시즌2를 주장하는 안심소득에도 관심을 부탁드립니다.

누구나 안정된 삶
'경기도 기본주택'이 시작합니다

경기도가 처음 도입하는 '기본주택'은 토지공개념을 기반으로, 한 걸음 더 나아가 주택을 공공재처럼 임대 공급하는 방식입니다. 무주택자 누구라도 도심 역세권에서 30년 이상 주거 안정의 권리를 누릴 수 있게 하자는 게 목적입니다.

주택의 면적과 품질도 중산층이 충분히 만족할 수 있는 수준으로 공급됩니다.

그동안 공공임대주택은 소득, 자산, 나이 등으로 조건과 제한을 두다 보니, 지금처럼 비혼 1인 가구가 증가하고 집값 상승으로 내 집 마련이 어려운 상황에서는 서민들에게 '그림의 떡'이었습니다.

위치가 좋지 않고 면적도 좁고 품질도 낮아 오랫동안 살기 어려웠던 것도 사실입니다. 그런 의미에서 기본주택은 인간다운 삶을 위해 조건 없이 모든 국민에게 지급하는 기본소득의 철학과도 맞닿아 있습니다.

앞으로 수도권 3기 신도시 지역 역세권 내 주택공급 물량의 50% 이상을 기본주택으로 공급할 것입니다. 도내 가구의 44%가 무주택이고, 이 중 8%만이 정부의 임대주택 지원을 받고 있습니다. 하루하루가 불안한 무주택 도민들이 안정된 삶을 누릴 수 있도록 기본주택 공급확대에 전력을 다할 것입니다.

무엇보다 정부의 협력이 절실합니다. 관련 시행령을 개정하고, 역세권 용적률 상향, 주택도시기금 융자율 인하 등 방안이 뒤따라야 합니다. 정부에 성실하게 설명해 드리고 협력을 구하겠습니다.

경기도가 시작하면, 대한민국이 바뀝니다. 기본주택이 대한민국 부동산 불균형 해소의 발판이 될 수 있도록 아낌없는 관심 지원을 부탁드립니다.

2020년 7월 22일

'분양형 기본주택(공공환매 토지임대부)'
경기도 기본주택의 또 다른 유형입니다

토지임대부 분양주택은 토지는 공공이 소유하고 주택은 무주택자가 분양받는 형태로 투기 억제와 주거 안정을 꾀한 대표적인 공공주택정책 중 하나입니다.

그러나 2016년 특별법이 폐지된 이래, 임대 기간 만료 후 재건축 시 일반분양 전환이 가능해져 공공이 토지소유권을 끝까지 유지할 수 없는 데다 싼값에 분양받은 수분양자(受分讓者)의 전매 제한 기간 또한 5년으로 너무 짧습니다. 실제 서울 서초와 강남에 공급됐던 토지임대부 분양주택은 분양가 대비 6배가 넘는 호가를 기록해 공공의 권한 행사에서 발생한 시세차익까지 개인이 누리는 상황을 초래했습니다.

지난 9일 국회 본회의에서 공공으로 환매하는 주택법 개정안이 통과된 것은 다행스러운 일이지만, 민법상 부동산의 전매제한 기간은 5년으로 되어 있고 지방공기업의 환매조건계약 금지조항으로 말미암아 주택법만으로는 공공 환매를 보장할 수 없는 실정입니다.

따라서 경기도는 기존 토지임대부 분양주택의 본래 취지를 지키고 실질적 공공주택 역할을 위한 '분양형 기본주택(공공환매 토지임대부)'을 제안합니다. 무주택자 누구나 적정 토지임대료를 내면 평생 거주할 수 있고 팔 때는 반드시 공공에 환매하도록 설계해 부동산 투기와 시세차익 사유화를 방지했습니다.

이를 위해서는 특별법 제정과 제도 개선이 불가피합니다.

거주의무(전매제한)기간은 10년으로 강화, 토지임대기간은 50년으로 늘리고 보존장치를 마련해 공공 소유권을 확실히 보장해야 합니다. 실질적인 공공환매가 이루어지기 위해서는 민법상 환매기간 및 지방공기업의 환매조건계약 금지조항 미적용도 필수적입니다. 재공급 시 주변 주택가격을 고려한 가격 책정으로 과도한 시세차익 발생을 막아야 하며, 시세차익 일부는 사회로 환원할 수 있도록 만들어야 합니다.

또한, 주거종합계획에 기본주택 공급계획 반영, 토지매입 및 건설비 지원을 위해 공공지원 근거 마련, 공공사업 주체의 용적률 적용 특례 등의 사항을 관련 법령과 지침에 포함시켜야 합니다. 그래야 사업 주체의 지속적인 사업추진이 가능합니다.

결과적으로 수요자는 적정한 가격에 주택을 공급받고 안정적으로 거주하며 공급자는 사업 지속성을 확보하면서, 토지의 공공성은 보존하고 수익은 사회에 환원되는 선순환이 형성될 수 있습니다.

경기도는 그동안 중산층 임대주택, 장기임대형 기본주택, 사회주택 등 다양한 공공주택을 모색하고 제시해 왔습니다. 오늘 발표한 '분양형 기본주택(공공환매 토지임대부)'은 공공주거상품의 또 다른 유형으로서 도민의 거주 선택권을 확대하고 공급자의 사업 운영을 보장할 것입니다. 공공의 이익 또한 지켜질 것입니다.

대한민국 절반 남짓이 무주택자이고 절대다수가 주택난으로 고통받는 현실을 타개하기 위해서는 집의 가장 기본적인 기능, '거주하는 공간'에 충실해야만 합니다.

2020년 12월 17일

최소한의 주거권은
공공이 보장해야

우리나라에서 주택은 거주하는 곳이 아니라 사고파는 투기의 수단이 됐습니다. 투기가 과열되면서 평생 남의 집만 전전하며 살게 될까 봐 영혼까지 끌어모아 집을 사는 공포수요까지 더해 졌습니다. 국민의 가처분 소득 대부분이 집값 대출 갚는데 묶여 소비력은 줄고 삶의 질은 저하되고 경제침체까지 이어집니다.

국민의 기본권으로서 주거권을 국가에서 보장해준다면 적어도 길거리에 나앉지 않을까 하는 불안에 떨지 않아도 되고, 결과적 으로 부동산 투기 과열이나 공포수요도 잦아들 것입니다.

'부동산으로 돈 벌지 못하게 하겠다'는 대통령님 말씀에 답이 있습니다. 실거주 이외 수요는 금융 혜택을 제한하고 불로소득은

환수하면 투기를 억제할 수 있습니다.

경기도는 무주택자라면 누구나 입지가 좋은 곳에 위치한 고품질의 주택에서 살 수 있도록 하는 '기본주택'을 추진하고 있습니다.

기본주택은 주변 시세보다 저렴한 적정 임대료를 내고 장기간 거주할 수 있는 '장기임대형'과 토지사용료만 내고 지내다 되팔 때는 반드시 공공에 환매하도록 한 '토지임대부 분양형'으로, 값싸고 질 좋은 거주환경을 제공하면서도 투기를 차단하는 데 중점을 뒀습니다.

이를 위해서는 공공주택 특별법 시행령과 기본주택 분양형 공급촉진 특별법 제정, 주택법, 지방공기업법 개정 등 제도개선이 뒷받침 되어야 합니다. 유연한 기금조달을 위한 금융지원도 필요합니다.

요즘 사회를 각자도생의 세상이라고 한다지요. 미래도 주택도 직장도 너무 불안해서 각자 인생은 각자 책임져야 하는 사회라는 말이 씁쓸합니다. 국민이 불안하지 않도록 만드는 것이 국가가 해야 할 최소한의 역할입니다.

오늘 국회에서 열린 '경기도 기본주택' 토론회는 무려 50분의 국회의원님들께서 공동주최를 해주셨습니다. 기본주택에 대한 관심, 깊이 감사드립니다. 모두가 주거걱정 없이 지내도록 고품질의 기본주택 공급을 현실화하기 위해 제 소임을 다하겠습니다.

2020년 1월 26일

망국적 로또 분양 그만하고
기본주택으로

남녀노소 없이 온 국민이 아파트청약을 위해 전국을 떠도는 국민 로또청약 시대가 열리고 있습니다.

얼마 전 경기도 과천 아파트 청약율이 1800:1에 이르고 청약이 끝나자 이사 나가느라 전세값이 수억대 폭락하는 일도 있었습니다.

예전에는 위장전입으로 청약했지만, 경기도가 수분양자 전수조사로 위장전입자와 청약서류 조작을 찾아내 형사처벌에 분양취소까지 하자 청약을 위해 실제 이사를 왔다가 청약이 끝나자 다른 청약지역으로 이사가느라 벌어진 일입니다.

투기 광풍으로 집값이 올라, 그린벨트를 수용해 지은 원가 3억

원대 아파트를 분양가상한제로 5억 원대에 분양하면 수억 원의 프리미엄이 발생합니다. 당첨만 되면 평생 못 벌 분양차익을 얻으니 복부인 전유물이던 부동산 투기가 전 국민의 일상이 되었습니다.

노력보다 요행을 바라는 나라는 미래가 없습니다. 온 국민을 분양 투기로 몰아넣는 로또 분양은 왜 계속할까요?

한정된 집을 공산품처럼 사 모으는 것이 허용되고, 주거용 아니어도 집 사 모으는데 드는 돈을 얼마든지 금융기관이 빌려주니 주택은 부자들의 투기수단이 되어 주택시장은 투기장이 되었습니다. 투기 광풍 속으로 분양주택을 아무리 공급한들 집값 안정은커녕 투기자산이 늘어나고 투기 광풍이 커질 뿐입니다.

'부동산으로 돈 못벌게 하겠다. 중산층까지 누구나 평생 저렴한 임대료로 마음 편히 살 좋은 위치 고품질 임대아파트(평생주택)를 대량공급하겠다'는 문재인 대통령님 말씀에 주택정책의 답이 다 들어 있습니다.

지금도 늦지 않습니다.

주택가격이나 보유주택 수 억제도 중요하지만, 그보다 실주거를 보호하고 투기를 억제해야 합니다. 투기가 의미 없도록 조세로 불로소득을 철저히 환수하고 비주거용 주택 구입에 금융 혜택을 제한해야 합니다.

공공택지상 아파트는 로또 분양해 투기수단으로 내줄 것이 아니라, 공공이 보유하되 국민이 평생 편히 살도록 기본주택(장기공공임대, 또는 토지임대부 환매조건 공공분양주택)으로 공급해야 합니다.

경기도 내 3기 신도시 주택은 특별한 사유가 없는 이상 로또분양 아닌 기본주택으로 공급되어야 합니다. 용적률과 금융제도 개선, 공공주택매입공사 운영 허용 등 약간의 제도만 고치면 시세 대비 건설원가가 너무 낮기 때문에 재정부담 거의 없이 무주택자에게 충분히 공급할 수 있습니다.

생활필수품인 집을 거주용이 아니라 집 없는 사람을 타겟 삼은 자산투기용으로 사 모으는 것은 정의롭지 못하며, 최소한 권장사항은 못됩니다. 조선시대에도 생필품엔 매점매석이 금지되었습니다.

주택보급율이 100%를 오가는 나라에서 국민 절반의 꿈이 내 집 마련이고, 젊은이들은 집이 없어 결혼과 출산을 포기하며, 높은 집값 때문에 소비가 줄어 국가 경제가 침체되고, 온 국민이 일보다도 로또 분양을 찾아 전국을 떠도는 것은 나라 망하는 길입니다.

기승전경제이고 기본주택도 경제정책입니다.

높은 집값은 자산 양극화 심화와 국민 고통 요인일 뿐 아니라 과다한 주거비로 소비가 줄어 경제침체의 원인이 됩니다. 기본주택으로 주거비를 줄여 소비 여력을 늘리면 수요확대를 통한 경제 선순환으로 경제악화 방지와 지속성장이 가능해집니다. 국가

의 3대 의무인 안보, 질서, 민생 중 민생의 핵심인 지속성장이야
말로 청년실업, 저출생, 재정부족, 저복지 등 우리 사회 모든 문
제를 해결하는 단초입니다.

2021년 2월 28일

주택정책의 핵심은 '실거주'보호와 투기투자에 대한 부담강화입니다

　먹고 자고 생활하는 집과 돈벌이용 집은 같을 수 없습니다. 주택정책은 '실거주'와 '투기·투자' 목적을 분명하게 구분해서 시행해야 합니다. 실거주는 보호하고 부동산 매매와 임대로 얻는 불로소득은 철저히 제재해야만 작금의 망국적 부동산 투기에서 벗어날 수 있습니다.

　핵심은 '실거주'입니다. 강남 아파트를 갭투자로 보유하고 지방에서 전세로 사는 경우처럼 1주택이라도 비거주 임대용이라면 불로소득이 어렵게 부담을 강화해야 집값이 안정됩니다. 내가 사는 도심의 집과 노부모가 사는 시골집 두 채를 가졌더라도 임대가 아닌 거주 목적이니 과중한 제재를 할 필요는 없습니다.

이처럼 상반된 사례를 언급한 이유는 '실거주 기준'의 중요성을 강조하기 위함입니다. 그런데 일부 언론에서는 저의 이런 발언을 두고 비거주 임대용 1주택 부담강화는 생략한 채 후자의 사례만 떼어 인용하거나, 제가 2주택자 보호와 종부세 완화에 동의했다는 식의 잘못된 보도를 하고 있습니다. 경기도 다주택 공직자 승진을 제한한 사안까지 걸고넘어집니다. 분명히 밝힙니다만, 실거주 목적 2주택은 제재하지 않았습니다.

조세 부담을 완화하더라도 실거주용 주택에 한정하고, 감소한 만큼 또는 그 이상의 부담을 비거주 투자용에 전가하여 보유 부담을 전체적으로 높여야 망국적 투기를 잡을 수 있습니다.

인구 대비 주택 수가 크게 부족하지 않음에도 소수가 비거주 투자용으로 독점하면서 절반 가까운 가구가 무주택입니다. 자력으로 내 집 마련할 수 없는 젊은이들은 결혼과 출산을 포기하고, 영혼까지 끌어모아 산다고 해도 대출에 가처분 소득 상당 부분이 묶여 가계 소비력은 현저히 위축됩니다. 인구감소와 저성장, 양극화, 수도권 집중의 지역 격차까지 현재 대한민국이 처한 위기는 부동산 문제와 뗄레야 뗄 수가 없습니다.

문제가 어려워 보일수록 본질을 놓쳐선 안 됩니다. 내 한 몸 편히 쉬고 우리 가족 다 같이 모여 사는 집 본연의 의미를 회복하는 것이 핵심입니다. 이를 정책과 제도 단위에서 실현하기 위해 가능한 역량을 집중해야 할 때입니다.

양극화 완화하고 경제활성화하는
복지적 경제정책(기본금융=기본대출+기본저축)

통화금융정책은 경기조절을 위한 주요 정책수단이고, 현대사회 신용의 원천은 개별은행이 보유한 금이 아니라 국민주권에 기초한 국가발권력입니다.

투자할 곳은 많은데 투자할 돈이 부족하던, 그래서 공급 측면에 통화·재정을 집중하면 공급역량확대로 투자-고용-가계소득-소비-수요가 순차 증가하고 다시 투자-고용-소득이 순차 증가하여 선순환하면서 경제가 고도성장하던 시대가 있었습니다.

그런데 그때보다 더 많은 자본과 인프라, 더 양질의 기술과 노동력이 있음에도 기술혁명과 양극화 심화로 투자할 돈은 넘쳐나지만 투자할 곳이 없고, 가계소득의 상대적 감소로 소비와 수요가 줄어 경기침체와 저성장이 일상이 되었습니다.

이자율을 0%로 내려도 투자할 돈이 넘쳐나는 시대라 고신용자들은 저리 대출로 투자가 아닌 자산투기에 나선 결과, 자산 가격 급등과 양극화만 심해질 뿐, 금융 혜택에서 배제(배제금융)된 저신용자는 교육, 역량개발, 투자, 창업, 소비에 쓸 돈이 없어 연리 20% 이상의 대부업체나 연리 400% 이상의 살인적 불법 사금융에 내몰립니다.

누구나 도덕적 해이가 불가능한 소액을 소비나 투자에 사용할 수 있도록 소액 장기저리대출 기회를 부여하는 것이 바로 국제사회가 권고하는 포용금융과 공정금융이고 기본대출입니다.

국가권력에 기초한 금융은 고신용자의 독점물이어서는 안 되고, 금융은 수익을 추구하면서도 공공성을 외면하지 말아야 합니다. 그러나 아쉽게도 서민주택 지원을 위한 주택은행이나 서민금융을 위한 국민은행 등이 인수합병을 통해 모두 상업은행화되면서 공공성은 외면되고 수익에만 매달린 결과 일상화된 금융배제가 서민의 금융 혜택 박탈을 넘어 통화금융이 정책수단으로 작동하지 못하는 결과를 빚고 있습니다.

대부업체들이 담보도 신용도 없는 수백만 명에게 연 20%가 넘는 고리로 평균 900만 원대의 돈을 빌려주고 있는데 이 금액은 능력이 되는 한, 갚지 않을 수 없는, 즉 도덕적 해이가 불가능한 금액이기 때문입니다. 이들 중 평균 93%가량은 살인적 고금리에도 원리금을 제때 다 갚습니다.

그런데 이들이 가난하고 어렵다는 이유로 왜 7%가량의 다른 사람이 내지 못하는 돈까지 대신 떠안아야 할까요? 공동체의 원리에 어긋나는 약탈금융의 결과이고, 같은 마을주민이라고 이웃이 못 낸 군포를 대신 내게 한 망국병 인징과 다를 바 없습니다.

사회초년생으로서 또는 저신용자로서 금융 혜택을 못 받는 이들에게 10년~20년간 통상적 저금리의 소액대출 기회를 준다면 이들은 일시적 어려움 때문에 영원히 재기하지 못하는 위험을 회피할 수 있고, 돈의 흐름을 도와 경제 활성화에도 도움이 될 것입니다.

1000만 원 이하의 돈을 신용불량 등재에 따른 각종 불이익을 감수하며 고의로 안 갚는 것을 상정하기 어렵고, 십수 년 노력했음에도 신용불량 등재를 감수하며 못 갚을 정도면 그는 이미 복지대상자입니다.

기초생활수급자 지원금이 연간 7~800만 원에 이르는 점에서 기본대출로 복지대상 전락이 1~2년 지연되기만 해도 국가의 복지부담이 그만큼 줄어 국가재정으로는 되려 이익이므로 기본대출에 따른 재정부담도 결코 크지 않습니다.

경기도 조사에 따르면, 청년 20만 명에게 연 2.8%로 10년간 500만 원씩 총 1조 원을 빌려주고 최종 손실률을 5%로 보더라도 소요되는 금액이 연 50억 원 정도에 불과합니다. 이는 경기도가 현재 시행 중인 극저신용자를 위한 연간 복지대출예산 500억 원의 10분지 1도 안 되는 금액입니다.

여기에 더해 서구 선진국들에 도입하고 있는 기본계좌를 누구나 개설하여 필요한 때 1000만 원 범위에서 압류불가능한 저금리 마이너스 통장을 활용하게 하면서, 1000만 원 범위에서 1%대의 재형저축을 허용하는 것이 기본금융 구상입니다.

이것이 바로 통화금융정책이 제 기능을 찾게 하여 경제를 살리고, 금융배제를 극복하여 포용금융을 실현하며, 소득 양극화를 완화하는 일석다조의 복지적 금융정책입니다.

2021년 6월 2일

무상지원 복지정책과 대출금융의 중간인
극저신용자소액대출사업을 시작합니다

우리 사회는 이상한 경직성 때문에 복지면 복지, 대출은 대출로 너무 엄격하게 구분되어 있고 그 중간 형태는 찾기 어렵습니다.

민간단체에서 일부 이러한 사업을 하고는 있지만, 정부 정책으로는 찾기 어렵기 때문에 경기도가 새로운 방식의 정책을 시작했습니다.

일반 금융기관을 이용할 수 없는 신용도 7등급 이하 서민들에게 심사 없이 50만 원을 연 1% 이자로 선택에 따라 최대 10년까지 빌려주는 '극저신용자소액대출사업'입니다.

불법 대부업체를 단속하면서, 불법 대부업체에 손을 벌릴 수밖에 없는 사람들에 대한 대책으로 고안되어 연간 100억 원 정도의 예산으로 시행하려던 정책인데, 코로나19로 인한 경제적 어려움이 가중되어 500억 원으로 대폭 늘렸습니다.

50만 원을 빌리기 위해 행정기관을 찾는 사람이라면 정말로 필요한 사람들일 것이므로 신용도 7등급 이하인 점과 도민임이 확인되면 심사 없이 즉시 대출하고, 10년 후에도 능력이 안 돼 소멸시효가 되도록 갚지 못한다면 지금 현재 경기도가 시행하고 있는 것처럼 전액 탕감해 드릴 것입니다.

경기도 재난기본소득처럼 모두에게 공평하게 지급하는 것도 좋지만, 제한된 예산을 사각지대 도민들이 추가로 이용할 수 있도록 설계하였습니다.

50만 원이 적은 돈이라고 할 수도 있지만, 30만 원이 없어 일가족이 극단적 선택을 하는 경우도 있는 것처럼 어려운 형편에 있는 사람에겐 큰 도움이 될 수도 있습니다. 부부가 저신용자라면 100만 원을 빌릴 수도 있습니다.

50만 원은 무심사로 대출하지만, 300만 원 한도(250만 원까지 추가)의 추가 지원을 받기 위해서는 엄격한 심사를 거쳐야 합니다. 50만 원이라도 빌려야 하는 90만 명에 육박하는 7등급 이하 도민을 위한 부득이한 조치입니다.

현재 2만 5천 명이 신청하였으니 주변을 살펴 꼭 필요한 사람들이 이용할 수 있도록 도와주시기 바랍니다.

첫 사업이라 약간의 혼란과 혼선이 있지만, 곧 불편함은 개선될 것이고 안정적인 시스템을 갖추게 될 것입니다. 모두 도민들이 낸 세금이니 잘 이용되면 좋겠습니다. 코로나19 방역과 그로 인한 경제위기 극복에 최선을 다하겠습니다.

2020년 4월 16일

경기도에서 불법대부업으로
서민들 등치면 이렇게 됩니다

경기도 극저신용대출을 이용하십시오

연이자 31,000%라니…. 해도해도 너무 하는 이 사람들 우리 경기도 특사경이 오랜 수사로 마침내 잡았습니다.

앞으로도 경기도 관내에서 대부광고물이나 거리 대부업 피해자들 보시면 경기도로 신고(031-120)해 주십시오.

반드시 잡아 책임을 묻고 연 24%를 초과하는 이자는 돌려받을 수 있도록 돕겠습니다.

고리 불법 대부업체를 이용해야 하는 상황이면 경기도 극저신용대출을 이용하십시오.

경기도가 금융기관을 이용할 수 없는 신용등급 7등급 이하 저신용 경기도민에게는 50만 원까지는 연 1% 이자에 10년간 심사 없이 무조건 대출해 드립니다.

그 이상의 돈이 꼭 필요한 분들은 300만 원까지 꼼꼼한 심사를 거쳐 같은 조건으로 빌려드립니다.

예산을 급히 500억 원 만들었는데 1차 대출을 이미 실시했고, 조만간 예산소진 때까지 2차 3차 대출을 재개할 것입니다.

수요를 봐서 필요하면 더 많은 대출예산을 확보해 보겠습니다.

내일도 해는 다시 뜹니다.

어려운 상황에서 힘드신 도민 여러분.

희망을 가지고 용기를 내 이 어려움을 함께 이겨나가기 바랍니다.

2020년 4월 28일

국가부채, 가계부채,
이전소득의 관계

보수언론의 국채발행 혐오 이유. 경제는 과학이 아닌 정치

정부의 가계지원(이전소득)이 늘면 가계부채는 줄고 국가부담(부채)이 그만큼 증가합니다.

우리나라는 세계 최고 가계부채율, 세계 최저 국가부채율, 세계 최저 이전소득비율을 자랑하는데, 이 표를 보시고 어떤 생각이 드십니까?

세계 각국은 지금 국채비율을 올려 가며 국채로 가계지원(이전소득)과 경제살리기를 합니다.

OECD 평균 국채비율은 우리보다 2배가량 높은데도 코로나 위기로 가계지원 등 경제살리기를 위해 10~30% 더 늘려 국채를

발행하는데, 우리나라만 유독 보수언론이 '40% 넘으면 나라 망한다'며 국채발행을 막습니다.

국채는 갚아서 0 만드는 것이 아니라 적정관리가 목표여서, 실제로 갚는 게 아니고 차환발행하며 계속 늘어갈 뿐입니다. 즉 실제로 갚지 않으며, 전 세계가 그렇게 합니다.

일정 기간 내에 반드시 갚아야 하고 안 갚으면 강제집행 당하는 가계부채와 달리 국채는 그런 부담이 없으므로, 국채발행 후 지역화폐로 지급해 가계부채증가를 막고 소비를 촉진시키는 것이 경제도 민생도 살리는 길입니다.

국가가 1년에 50조 원씩 국채를 더 발행해 가계에 지원하면 10년간 국채 총액은 500조 원이 늘고 국채비율은 25%(GDP 2000조원 기준) 증가하겠지만 가계부채는 500조 원 줄일 수 있습니다.

지금 국가가 저리의 국가채무를 회피하면, 그 대신 국민이 고리의 가계부채를 짊어져야 합니다.

국채비율 0.8%(15조원. 국민 1인당 30만원) 느는 재난지원금을 국채부담 때문에 하지 말라며, '국채 1000조 원 시대 열린다'고 정부를 비난합니다.

OECD 평균 110%면 2200조 원인데, 1000조 원 즉 50% 넘는다고 나라 망할 것처럼 호들갑 떠는 언론이 이해되십니까?

화폐 추가발행하면 물가 오른다고요?

발권력 동원해서 은행대출 아무리 늘려도 물가 안 오르고, 국

<OECD 주요국 이전소득/가계부채/국가채무비율>

(2018년 기준, 비율(%))

국가명	이전소득 (GDP대비)	가계부채 (가처분소득대비)	국가채무 (GDP대비)
한국	11.1	184.2	35.9
미국	18.7	105.4	136.5
일본	21.9	107.0	238.7
프랑스	31.2	120.7	121.7
스페인	23.7	106.9	114.7
OECD 평균	20.1	125.8	81.6

채 발행해 가계지원해도 문제될 만큼 물가 안 오르는 것이 현실입니다.

왜 그들은 국채발행을 반대할까요?

국채를 발행해 이전소득을 주어 가계부채 줄이면 다수 국민은 좋지만, 현금 많은 법인과 개인들은 가진 돈의 가치가 떨어져 손해를 보고, 1%에 나랏돈 빌려 개인에게 24% 고리로 돈 빌려줄 기회도 잃기 때문일 겁니다.

그래서 경제는 과학이 아닌 정치입니다.

조세저항 이용해 세금 덜 내려고 선별복지 주장하는 것과 같은 원리인 것 같은데 여러분 의견은 어떠십니까?

2020년 9월 4일

기본대출권, **수탈적 서민금융**을 인간적 공정금융으로 바꿔야

이자율 10% 제한, 불법사채 무효화에 더해 장기저리대출보장제도(기본대출권)가 반드시 필요합니다.

국가는 국민이 함께 살려고 만든 공동체이지, 소수 강자의 다수 약자에 대한 지배도구가 아닙니다. 모든 국민이 주권자로 평등한 민주공화국에서는 국가권력 행사로 생긴 이익은 국민 모두가 고루 누려야 합니다.

화폐발행(발권) 이익도 함께 누려야 할 뿐 아니라 오히려 소수 고액자산가나 고소득자보다 다수 저소득자가 더 많이 혜택을 받아야 실질적 정의에 부합합니다.

한국은행이 화폐를 현재 연 0.5%로 시중은행에 공급하면 대기업이나 고소득자 고자산가들은 연 1~2%대에 돈을 빌려 발권 이익을 누리지만, 담보할 자산도 소득도 적은 서민들은 제2금융권이나 대부업체에서 최대 24% 초고금리로 돈을 빌려야 합니다.

수입이 적고, 담보가 없다 하여 초고금리를 내는 것이 당연한 건 아닙니다.

대부업체는 회수율이 낮으니 미회수위험을 다른 대출자들에게 연 24% 고리를 받아 전가합니다. 90% 이상은 연체 없이 고금리 원리금을 상환하면서 다른 이의 미상환책임을 대신 집니다.

어디선가 많이 본 그림 아닌가요?

바로 족징, 인징, 황구첨정, 백골징포입니다.

기막히게도 국가의 서민대출금리도 17.9%입니다. 복지국가라면 서민의 금융위험을 국가가 책임져야 하는데, 국가마저 고금리로 미상환책임을 국민에게 전가합니다.

우리나라에는 전액 무상인 복지와 전액 환수하는 대출제도만 있고 그 중간이 없습니다. 중간 형태로 일부 미상환에 따른 손실(최대 10%)은 국가가 부담하여 누구나 저리장기대출을 받는 복지적 대출제도가(기본대출권) 있어야 합니다.

대부업체 대출이 약 200만 명에 약 17조 원이니 연체되는 최대 9%를 전액 국가가 부담해도(이자가 24% 아닌 1%라면 연체도 거의 없을 겁니다만) 적은 예산으로 수백만 명이 우량대기업과 같은 조건으로 돈을 빌릴 수 있어 재기도 쉽고 복지대상 전락도 줄어들 것입니다.

1% 성장 시대에 24% 이자 지급하면서 성공할 사업도 사람도 없습니다. 24% 고리대출은 복지대상자가 되기 직전 마지막 몸부림이고, 이를 방치하면 결국 국가는 복지대상전락자들에게 막대한 복지지출을 해야 합니다.

저리장기대출로 이들에게 자활과 역량개발 기회를 주는 것이 개인도 행복하고 국가도 발전하며 복지지출도 줄이는 길입니다.

서민금융을 서민끼리 상호수탈하는 동물의 세계로 방치하지 않고 함께 사는 공동체로 만드는 일도 마음만 먹으면 언제든 가능합니다.

우리는 세계 최저수준의 이전소득(정부가 개인에 지급하는 소득)과 그로 인한 최저 국채비율과 최고 가계부채비율을 자랑합니다.

타인의 신용위험을 대신 떠안고 수탈당하다 복지대상자로 추락하지 않도록, 큰 예산 들지 않는 저리장기대출제도(기본대출)를 시작할 때입니다.

금융 관련 고위공무원이든, 경제전문가든, 경제기자든 토론과 논쟁은 언제 어디서나 환영합니다.

2020년 9월 12일

누가 진짜
도덕적 해이인가?

6년 전 우리 사회를 떠들썩하게 했던 세 모녀 동반 자살 사건이 있었습니다. 가장 사망 후 극심한 생계난과 자녀들의 병 때문에 60대 노모의 식당일에 의존하며 빚에 시달리다 공과금과 집세를 남기고 극단적 선택을 했습니다.

그 사건으로 복지 사각지대가 주요이슈가 되었습니다. 생계난에 불어난 빚의 높은 이자 부담과 가혹한 추심행위가 이 가족을 죽음으로 내몰았지만 이를 구제할 제도가 취약하다는 지적도 제기되었습니다.

이렇게 한계상황에 내몰린 서민들이 코로나 정국에서 급격히 늘어나고 있을 것입니다. 국민 일부가 신용불량 등재와 전재산 압류를 감수하며 소액의 차용금을 못 갚는 최악상황에 내몰리는 예도 있을 것입니다. 이런 상황에서 측은지심으로 하소연할 곳 없는 극한의 서민들에게 작은 희망이라도 줄 수 있는 해법제시 책무가 정치에 있습니다. 최선의 노력에도 빚을 못 갚는 국민을 향해 도덕적 잣대를 들이대며 도덕적 해이를 운위하며 비난하는 것은 참혹 그 자체입니다.

국민이 고리의 다중 채무에 시달리고 있다면 채무조정을 통해 재기의 기회를 주어야 하고, 당장 급전이 필요하다면 고금리대출보다 국가가 책임지는 갚을만한 저리로 돈을 빌려주자는 것이 제가 제시하는 기본대출의 기본철학입니다.

돈 1,000만원 빌렸다 못 갚으면 전 재산 압류당하고, 직장을 구해도 월급을 압류당해 제대로 직장생활도 할 수 없으며, 신용 불량 등재로 정상적인 경제생활이 불가능합니다. 국민이 이런 엄청난 불이익을 감수하면서 1억 원도 아닌 1천만 원 일부러 떼먹을 것이라는 상상은 대체 어디서 나오는 것일까요?

1천만 원을 빌려 쓴 후 아무리 노력해도 갚을 능력이 안 되면 정부가 나서 도와주어야지 상환 못 한다고 도덕적 해이라며 비난할 수 없습니다.

진짜 도덕적 해이는 수십억 수조 원씩 국민 혈세로 지원받아 재산 빼돌리고 떵떵거리는 이들의 것입니다.

IMF 때 170조 원 기업에 공적자금이라는 명목으로 지원했다가 아직도 60조 원 가까이 회수 못 했습니다. 이후 지원된 기업지원금 수십조 원도 40% 이상 회수하지 못했지만, 기업은 망해도 기업가는 망하지 않는다는 말대로 그들은 여전히 국민 혈세로 잘먹고, 잘 사는데 이들에게 도덕적 해이를 문제 삼는 언론 보도를 본 일이 없습니다.

도덕적 해이 운운하며 국민이 당연히 누려야 할 발권 이익의 극히 일부에 불과한 장기저리대출권을 인정하지 않은 채, 독식하려는 이 사회 기득권자들은 반성해야 합니다.

망국의 위기에는 고관대작들 대신 총을 들고 나라를 지켰고, IMF 경제위기에는 돌반지 결혼반지 내놓은 국민입니다. 24% 고리대출도 95% 이상이 착실하게 갚을 만큼 선량합니다. 이런 국민이 도덕적 해이로 '떼먹지 않을까' 걱정하며, 필요한 국민에게 1천만 원까지만 1~2% 장기저리대출 해주자는 것조차 반대하는 이들의 양심이 의심스럽습니다.

2020년 9월 15일

이자율 4% 인하 환영. 이자율 추가 인하,
불법사채 무효, 기본대출로 나아가야

  정치는 국민이 안전하고(안보) 공정한 환경에서(질서) 더 잘 살게(민생) 하는 것이고, 민생의 핵심은 바로 먹고사는 문제 즉 경제입니다.

  우리는 인권과 자유 등 정치적 기본권 위에 복지 같은 인간다운 삶을 위한 사회적 기본권도 어느 정도 확보했지만 이제 높아진 생산력에 상응하여 최소한의 풍요로운 삶을 사는 경제적 기본권에도 관심 가져야 합니다.

  자본주의 시장경제질서는 인간의 욕망을 인정하되 욕망 실현은 공정하고 합리적인 경쟁 과정을 거치게 합니다. 자본주의 시장경제는 공산주의와 시스템경쟁에서 승리했지만, 무한경쟁과 승자독식에 따른 극단적 불평등과 격차로 지속성장이 어려워지고 있습니다.

공급과 수요의 두 바퀴로 굴러가는 시장경제에서, 기술혁신과 자본축적 및 노동의 질 향상으로 공급역량은 극대화되지만, 노동의 생산기여도와 노동소득분배율이 하락하면서 가계소득과 소비의 위축에 따라 공급역량 향상이 경제성장을 가로막는 역설에 맞닥뜨렸습니다.

정부는 재정과 금융을 통해 시장에 개입하며 경제를 조정하는데, 최근 들어 재정정책과 금융정책의 한계가 뚜렷해지고 있습니다.

재정정책의 한계를 극복하기 위해 국채발행으로 확장재정정책을 시행하는 것이 세계적 추세이지만, '재정균형론'의 신화에 매몰된 관료와 확장재정정책으로 손해 보는 경제기득권의 저항으로 확장재정정책이 한계를 보이고 있습니다.

금융정책 역시 제 기능을 발휘하지 못합니다. 금융정책이 자금 선순환이라는 공적목적 수행보다 수익극대화에만 치중하고 고객을 신용도에 따라 나누어 관리하니 돈이 필요한 자는 빌릴 수 없고, 빌릴 수 있는 자는 빌릴 필요가 없어, 금리가 마이너스가 되어도 돈은 돌지 않고 경제는 살아나지 않습니다.

우리는 모두를 공동체의 단일구성원으로 보아 의료비 지출이 적은 부자가 더 많은 보험료를 내고, 질병에 더 많이 노출되는 빈자가 적게 내는 것을 당연시하며, 대기업보다 중소기업 소상공인을 우대하고, 세금도 부자가 더 냅니다.

모든 정책에는 억강부약과 하후상박이 작동하지만 유독 금융에서는 적자생존론이 완벽히 관철됩니다. 부자에게 더 싸게 더 많이 빌려주면서도 빈자에게는 빌릴 기회조차 안 주거나 훨씬 높은 대가(이자)를 치르게 하여, 금융이익이 독점되고 빈익빈 부익부가 초래됩니다.

사람을 경제력에 따라 단계적으로 나누어 빈자들이 다른 빈자의 신용위험을 전부 부담하는 신용등급제도(저신용자의 연체채무를 성실하게 변제하는 다른 저신용자에게 부담시킴. 조선시대 인징 족징에 유사)에도 의문을 가지는 이가 드뭅니다.

개인 자산(금)이 신용의 원천이던 시대에는 신용도에 따른 차등이 당연하겠지만, 화폐발행권의 원천이 국가권력 즉 국민인 시대에는 국민주권원리상 국가신용이익을 소수 부자만이 아닌 다수 빈자까지 '일부나마' 누리는 것이 맞습니다. 그것이 바로 세계적으로 논의되는 포용적 금융입니다.

성장률 10%대 박정희 시대에도 최고금리는 25%였는데, 0%대 성장 시대에 성장률의 20배가 넘는 24%나 20%까지 허용하는 것은 문명국가인지 의심케 합니다. 최고금리는 10%도 과합니다.

최고금리를 낮추면 불법사채시장의 폐해가 있다지만, 국가가 불법을 보호할 필요는 없습니다.

이자제한법 위반 대출은 불법이니 이자나 원리금 반환을 불허해야 하고(독일 또는 일본), 그렇게 하면 유흥업소 선불금 반환을 불허하자 선불금이 사라진 것처럼 불법사채는 연기처럼 사라질 것입니다.

이자율 인하와 불법대부 금지로 돈이 필요한 서민은 대출받을 길이 막힌다는 주장도 옳지 않습니다.

최고 24%의 고리대금 이용자 약 200만 명의 평균 대출액은 약 800만 원이고 평균금리는 20%대입니다. 이들을 포함한 국민 모두에게 최대 1천만 원을 연 2%대 장기대출 기회를 주는 경우 그 손실을 연간으로 분산하면 매년 부담액은 크지 않습니다.

복지와 대출 사이에 제3의 형태인 '복지적 대출'이나 '대출적 복지'도 있습니다.

저리대출 천만 원조차 못갚을 지경이면 필경 복지대상이 될 것이니, 일부 미상환분만 재정으로 책임지는 대출복지는 무상복지보다 오히려 재정효율이 높습니다. 이는 저신용자를 포함한 모든 국민에게 금융접근권을 허용하자는 포용적 금융의 수단이기도 합니다.

도덕적 해이를 우려하지만 이 역시 기우입니다.

수억 원도 아닌 1천만 원을, 갚을 능력이 되는데도 신용불량 등재와 경제활동 포기를 감수하며 떼먹을 사람은 없습니다. 도적적 해이는 고액대출에서는 몰라도 제재와 이익의 비교할 경우 1

천만 원 정도 소액대출에선 문제 되지 않습니다.

현재의 구조적 저성장의 원인인 수요부족 문제를 일부나마 완화해 경제를 회생시키는 방안 중 하나는 가처분소득 증대를 통한 소비확충입니다.

'소멸성지역화폐'식 기본소득이 복지를 넘어 경제정책인 것처럼, 돈이 필요한 곳에 장기저리자금을 공급하는 기본대출은 서민의 금융부담과 소득 양극화를 완화하며 경제를 살리는 일석삼조 복합정책입니다.

당정이 최고이자율 24%를 20%로 낮추기로 하였습니다. 살인적 고금리를 4%p 낮춘 것만도 큰 진전이며 환영할 일입니다.

그러나 고리대와 도박은 나라가 망하는 징조 중 하나입니다. 일하지 않으면서 일하는 사람의 성과를 착취하는 고리대는 건전한 시장경제 발전을 위해 결코 바람직하지 않습니다.

경제가 살고 서민이 살고 나라가 살려면 대출이자율을 더 낮춰야 하고, 불법사채시장의 비인간적 착취를 막기 위해 불법대부를 무효화해야 하며, 포용금융원리에 따라 모든 사람의 금융기본권을 보장하려면 기본대출로 나아가야 합니다.

2020년 11월 16일

조선비즈,
이러니까 '적폐언론'

   이러니까 적폐언론 소리를 듣는 겁니다. 조선비즈가 또다시 조작보도 하며 정치적 음해에 나섰습니다.

   조선비즈는 제목에 '단독'자를 붙이고 겹따옴표까지 쳐가며 "신용도 보지 않는 대출 상품 만들라"고 이재명이 시중은행에 요구했다고 보도했습니다. 제가 그런 요구를 은행에 한 적도 없거니와 기사에서 언급된 경기신용보증재단이 은행에 보낸 공문은 은행에 가능 여부를 문의한 것이었습니다. '가능여부 문의'와 '만들라고 요구했다'는 것의 차이를 기자나 데스크가 모를 리 없으니 의도적인 조작 보도일 수밖에 없습니다. 완전한 날조입니다.

   경기신용보증재단이 은행에 보낸 공문은 경기도가 추진 중인 기본금융(대출)과 관련해 경기도와 경기신보가 전액 대출 회수를 보증할 경우 신용도 신경 쓸 필요 없는 대출 상품을 만들 수 있는지 문의하는 내용이었습니다.

은행 입장에서는 경기도 산하 공기관이 경기도와 함께 지급보증하면 신용도에 따른 부실위험을 고려할 필요가 없어 안전합니다. 그럼에도 불구하고 은행이 위험하다고 판단하면 안 하면 그만입니다. 마치 부실위험을 억지로 떠넘기며 상품을 내놓으라고 강요한 것처럼 묘사한 것은 사리에도 맞지 않습니다.

주권자의 판단을 흐리는 정보조작, 보도조작 행위는 중범죄입니다. 그래서 조작왜곡보도를 하는 언론에 대해 징벌배상하자는 말이 나오는 겁니다.

조선비즈가 굳이 거짓 보도까지 해가면서 기본금융을 반대하는 저의도 의심스럽습니다.

경기도의 기본금융은 국가발권이익 즉 금융 혜택을 도덕적 해이가 발생하지 않는 범위 내의 소액으로 장기 저리 대출해주어서 금융 혜택을 온 국민이 조금이라도 같이 누리게 하자는 금융복지정책인 동시에 통화금융정책이 제대로 작동하게 하는 경제정책입니다.

금융 혜택을 재산 많고 소득 높은 사람만 누려야 할 이유는 없습니다. 투자할 돈이 넘쳐나도 투자할 곳이 없는 시대입니다. 그러니 돈 빌릴 여유가 있는 사람은 더 빌릴 필요가 없습니다. 현재의 시스템은 정작 생활비나 자녀교육, 결혼, 학업 등으로 돈이 필요한 사회초년생이나 사회적 약자들이 높은 이자율 때문에 빌릴 수가 없는 역설에 처해있습니다.

돈 많은 사람들은 낮은 이자로 고액을 빌려 가 자산투자를 하고, 서민은 은행에서 대출 안 해주니 대부업체 가서 24%라는 고이자로 빌려야 하니 '부익부빈익빈'만 심화됩니다. 경제성장률 1% 시대에 이자 24%를 주고 어떻게 살아남겠습니까. 결국 신용불량이 되고 기초수급자 되면 정부의 복지부담만 더 늘어납니다. 그런 서민들에게 정부에서 보증해주고 소액 장기저리대출 해줘서 회생의 기회를 부여하면 복지지출 및 부담이 줄어서 국가로서도 재정적 이익이 됩니다.

이렇게 자금도 선순환하고 소비도 늘리고 금융통화정책을 제대로 작동하게 하는 합리적 정책인데 이렇게 말도 안 되는 조작을 해가면서까지 공격하는 이유가 결국 저리 고액 장기대출의 혜택을 계속 독점하겠다는 것인지 묻고 싶습니다.

경기신보에서 은행에 보낸 공문을 첨부합니다. 조선비즈 기사

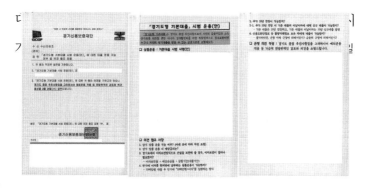

혹세무민,
은행원과 기자 중 누구일까?

정부는 가난한 사람을 위한 복지정책으로 현금 기타 혜택을 무상으로 줍니다. 또 돈을 못 빌리는 서민들을 위해 신용위험이 크지만 대출받을 기회를 주고 대신 상환을 책임져 주기도 합니다. 일반 국민의 경제활동을 위한 일반대출에도 이자율 지원, 보증혜택 부여 등 지원을 합니다.

경기도는 신용등급제에 따라 금융기관의 금융 혜택에서 배제된 저신용 도민에게 작년부터 500억 원의 예산으로 50~300만원의 '극저신용자대출'을 해 오고 있습니다.

경기도가 금년부터 세금에 의한 서민금융혜택을 선별된 소수가 아니라 세금 내는 도민 모두가 혜택받게 하고, 재정효율성을 높이기 위해 도민 모두에게 도덕적 해이가 불가능한 500~1,000만 원을 이자율 2%대의 저리, 대출기간 10~20년의 장기로 대출받을 기회를 주고, 저신용자들도 혜택을 받을 수 있도록 대출원리금 전액을 경기신용보증재단이 보증하는 정책을 검토중입니다.

이는 경기도형 기본대출정책으로, 중앙정부가 예산 일부만 투자하여 기본대출제도를 도입하면 그 이상의 복지예산을 줄일 수 있고 거의 작동하지 않는 금융통화정책이 어느 정도 정상적으로 작동하여 경제 회생에도 도움이 된다는 것을 보여주려는 것입니다.

원리금상환을 도가 100% 보증하니 은행은 리스크가 전혀 없고, 500억 원을 직접 대여하는 것보다 손실보전충당금을 쌓으며 지급보증을 하면 예상 손실률에 따라 수배~십수 배의 금융 혜택을 더 줄 수 있습니다.

100% 상환보장의 안전상품이니 실제 대출을 해도 전혀 손실위험이 없고, 싫으면 안 하면 그만인데 왜 금융기관이 '원리금상환보증부 대출상품 설계문의'에 부담을 느낀다는 것일까요?

계산 빠른 직업이 은행원인데 실제 대출 위험이 0인 대출상품 문의에 부담을 느낀다니 어처구니가 없습니다. 은행원과 기자 중 과연 누가 경기도정을 비방하기 위해 혹세무민했는지 궁금합니다.

2021년 3월 7일

금융소외계층의 최후 보루는
대부업체가 아닌 국가여야

조선의 성군인 세종대왕께선 "백성이 오직 나라의 근본이고, 먹는 것은 백성들이 하늘처럼 여기는 것(民惟邦本 食爲民天 민유방본 식위민천)"이라며 민생의 해결이 정치의 제1 목적임을 강조하셨습니다.

이런 정신으로 세종은 연간 10%가 넘는 이자는 공·사채를 불문하여 금지하였습니다. 또한 고리대를 없애기 위해 사창(社倉)을 설치해, 1섬에 연간 3되(즉 3%)의 저리로 곡물을 빌려주도록 했는데 이는 후대에 더욱 발전하여 연 2푼(2%)의 이자로 정착됐습니다. 조선시대 내내 관철된 '일본일리(一本一利)'의 원칙(빌려준 기간이 아무리 길어도 원금을 초과하는 이자를 취할 수 없다) 역시도 민유방본의 철학을 보여주고 있습니다.

세종 재위기로부터 600년, 대한민국 정부수립 70여 년이 경과
한 지금 우리 국민의 경제적 기본권은 어떻습니까?

**법정 최고금리를 추가 인하해 서민들의 금융기본권을 보장하
고 가계 부담을 줄여야 합니다.**

제가 대부업체들의 폭리제한, 그리고 국민 누구나 받을 수 있
는 기본금융을 제안할 때마다 나왔던 반론이 있습니다. '안 그래
도 대부업체들이 어려운데 규제가 강해지면 자본을 철수할 것이
고 그렇게 되면 저신용자들의 최후 보루가 없어진다'는 것입니
다. 대부업체가 언제부터 서민들의 보루가 됐는지는 모르겠지만,
확실한 것은 법정 최고금리를 추가 인하하여도 대부업체의 수입
에는 아무런 문제가 없다는 것입니다. 첨부된 기사에서 볼 수 있
듯이 경제가 어려운 상황에서도 대부업체들의 수입은 4년 전보
다 19.5%나 늘었고 2019년 한 해에만 3조8천억 원이 넘는 수입
을 거뒀습니다.

'대부업 등의 등록 및 금융이용자 보호에 관한 법률' 시행령
개정안이 지난 3월 통과되면서 올 7월부터 현행 최고 24%의 법
정 최고금리는 20%로 인하됩니다. 대통령령으로 정하는 이자율
을 초과하는 이자 계약은 모두 무효라고 규정하고 있어 법정 최
고금리를 인하하면 서민들의 이자 부담을 완화하는 효과가 있을

<2015~2019년 법인 대부업체 수입금액 현황>

(개, 억 원)

연도	구 분	법인수	수입금액
2015년	전체법인	937	31,856
	일반법인	790	31,277
	중소기업	147	579
2019년	전체법인	1,644	38,058
	일반법인	481	26,773
	중소기업	1,163	11,285

※ 2015년 및 2019년 법인세 신고 기준

✔ 법인세 신고서상 주업종 코드가 '669203(대금업)'인 법인을 기준으로 집계하였으며, 여러 업종을 겸업하는 경우 주업종에 다른 업종의 실적이 포함

것입니다.

하지만 충분치 않습니다. 기준금리는 0.5%인데, 가난하다는 이유만으로 서민들에게 20% 이자를 강요하는 것은 헌법정신에도 맞지 않고, '하후상박, 억강부약'의 공동체 원리에도 어긋납니다. 경기연구원이 올해 초 발표한 연구결과에 의하면 법정 최고금리의 적정수준은 11.3~15.0% 정도입니다.

그동안 고금리의 위헌성 인정과 초과이자 무효화 요구는 꾸준히 있어왔습니다. 코로나 19로 인한 실업률과 자영업 폐업의 증가로 이제 고금리 대부업 이용의 위험이 더 커지고 있습니다. 법정 최고금리를 추가 인하하고 금리인하요구권을 보다 강화하여 서민들의 금융기본권을 획기적으로 강화해야 합니다.

금융소외계층의 최후 보루는 대부업체가 아닌 국가여야 합니다.

현행 최고 24%인 고리대금 대부업체 이용자가 200만 명가량

입니다. 1인당 평균 대출액은 약 800만 원인데 평균금리가 20%가 넘습니다. 이분들을 포함해 국민 모두에게 최대 1,000만 원의 연 2%대 장기대출 기회가 주어진다면, 18%에 해당하는 이자 차액은 대부업체 배를 불리는 대신 국민의 복리 증진에 쓰이는 것입니다.

대부업체 이용자들과 비슷한 처지에 계신 분들을 대상으로 이미 시행되고 있는, 정부의 7%짜리 서민금융 연체율도 1%대 초반(1.3%)에 불과합니다. 그런데 기본금융은 이자 부담이 7%가 아니라 2%이고, 착실하게 갚는 이용자가 압도적으로 많을 것이기 때문에, 연간 손실 부담률은 수백억에 그칠 것입니다.

저금리 양질의 제도권 금융에서 배제된 금융배제계층은 금융배제에 머물지 않고 사회적 배제계층으로 이어지는 악순환을 경험합니다. 기본금융제도를 통하여 고금리대부 이용을 줄이고 파산으로 이어지는 나쁜 고리를 끊어내야 합니다.

기본금융은 국가재정을 버리는 게 아니라 아끼는 것입니다. 저소득층을 살인적 고금리로부터 보호하지 않으면 결국 복지대상자가 되어 국가재정에 큰 부담을 줍니다. 코로나19, 경제침체, 구조적 저성장이라는 3중고 시대에 국민의 삶과 경제적 기본권을 지켜야 하는 것은 국가의 임무입니다.

2021년 5월 25일

서민경제 파탄 내는 살인적 불법사채,
강력한 근절대책 필요

코로나19로 서민경제가 직격탄을 맞아 가뜩이나 어려운 시기에 불법사채가 부과한 약탈적인 이자율이 실로 놀랍습니다. 한국대부금융협회가 2020년 발생한 5,160건의 불법사채(미등록 대부업) 거래내역을 분석한 결과, 연환산 평균 이자율이 무려 401%에 이릅니다.

평균 대출금액은 992만 원, 가장 많은 유형은 급전대출입니다. 이용자들 대부분 영세 자영업자, 주부, 학생 등으로 은행권은 물론이고 제2금융권, 합법대부업 돈조차 빌릴 수 없었습니다. 막다른 곳에 내몰린 이들의 처지를 악용한 불법 폭리행태는 누가 봐도 악질적이지만 현행법상 반환조치는 법정이자율 초과 지급에 한해서만 이루어지고 법정이자율 이내 수익은 환수할 수가 없습니다. 법을 위반하고도 돈은 잃지 않으니 경각심을 가질 수 없는 노릇입니다.

위법자들의 양심을 되묻기 전에 구조적 허점부터 고쳐야 합니다. 독일과 일본은 제한이율을 초과하는 약정에 대해 초과이율뿐만 아니라 약정 자체를 제도적으로 무효화하고 있습니다. 불법채권자의 수익을 도박이나 뇌물과 같은 '불법원인급여'로 규정해 추심 권한을 인정하지 않으니 사실상 원금까지도 받을 수 없도록 만든 것입니다. 당연한 조치입니다. 불법, 위법으로 얻은 수익을 보전해준다는 것부터 말이 되지 않습니다.

불법사채에 대한 약정 무효화가 당장은 어렵다면, 법정이율 초과 기준이라도 상식적으로 전환해야 합니다. 불법사채는 미등록 대부업입니다. 따라서 법정이율 초과 기준을 대부업법상 이율 24%가 아니라 민법상 5% 또는 상법상 6%를 적용해 그 이상 초과 시 반환조치 하는 것이 마땅합니다. 이는 현재 정부에 법률로서 제안된 상태로 조속히 시행해 더 이상의 피해는 막아야 합니다.

더불어 처벌 강화가 뒤따라야 합니다. 경기도는 대부업법의 처벌 강도를 상향 조정할 것을 법무부와 금융위원회에 요청한 바 있습니다. (미등록대부업 5년 이하 징역, 5천만 원 이하 벌금을 10년 이하 징역, 3억 이하 벌금으로, 법정이자율 초과 3년 이하 징역, 3천만 원이하 벌금을 5년 이하 징역, 1억원 이하 벌금으로) 법률의 권위를 높여 강경하게 대응할 것을 촉구합니다.

대부업 법정이율이 7월부터 20%로 내려가지만 저신용 금융약자에게는 여전히 고통스러운 비율입니다. 이에 더해 불법사채업까지 횡행하게 둔다면 가난한 이들은 극단에 내몰리게 됩니다. 악독한 불법 고리대금업 대응에는 무관용의 원칙이 필요합니다.

2021년 5월 27일

국민을 가난과 부채에 내몰고 유지하는 형식적 재정건전성은 무의미

하며 건전한 재정은 그 자체가 목표가 아니라 위기와 경기침체에서 적

극 활용해야 할 수단이자 조건에 지나지 않습니다.

제3장

공정한 대한민국

공정의 출발은 힘의 균형.
국민만 믿고 돌파하겠습니다

사람 위에 사람 없고 사람 밑에 사람 없습니다. 하루가 멀다 하고 나오는 갑질 뉴스에 국민께서 매번 불매운동을 하실 수도 없습니다. 지금 이 순간에도 오매불망 공정위 결정만 기다리는 수많은 소상공인의 삶은 초토화 직전입니다.

필요한 개혁일수록 기득권 저항이 거셉니다. 최근 발표한 정책 중 하나인 가맹점, 소상공인 등 '을'들의 단체결성 및 협상권도 마찬가지입니다. 개별 '을'이 모여 공동으로 문제를 해결하도록 하는 것이 어떻게 '반기업적 정책'이 될 수 있는지 의문입니다.

모든 노사문제에 정부가 개입할 수 없습니다. 정부 노사정위원회가 만능키가 아닙니다. 힘의 균형이 있어야 노사, 갑을 간의 상생의 대화도 시작될 수 있습니다.

노사관계에서 언제나 사측이 부당하다고 생각하지 않습니다.

가맹점주들의 담합이 벌어질 수 있다는 우려도 일견 타당합니다.

그러나 지금처럼 일방적인 '갑' 우위 구조에서는 '밀리면 당한다'는 식의 무한 대치만 반복됩니다. 사측은 대외 경쟁력을 이유로 질색하고, 노동자 측은 기울어진 노사관계를 이야기하며 맞서는 끝없는 갈등의 쳇바퀴를 멈춰야 합니다.

이미 국회에서 관련 법안이 논의된 바 있습니다. 결국, 핵심은 일을 미루지 않는 결단, 기득권 저항을 직면하는 용기입니다. 지금까지 그래왔듯 국민만 믿고 두려움 없이 돌파하겠습니다. 당의 일원으로서 이번 하반기 정기국회에서만큼은 반드시 통과되도록 할 것입니다.

2021년 7월 27일

문재인 정부의 소득주도성장,
절대 포기하면 안 됩니다

약 90년 전, 대공황이 미국을 덮쳤을 때 루스벨트는 불황 타개 처방으로 '뉴딜'이라는 전례 없는 정책을 추진했습니다.

미국의 상징이었던 자유시장경제와 완전히 결이 다른 혁신정책이었고, 기득권의 거센 반발이 있었지만 결국 미국 50년 호황의 토대가 되었습니다.

뉴딜의 핵심은 독점과 카르텔을 해체해 공정경쟁 질서를 회복하고, 노동권 강화로 임금상승과 노동자의 몫을 늘려 중산층을 양성하고, 증세로 일자리와 복지정책을 도입하는 것이었습니다.

노동자를 포함한 국민의 수입이 늘어나니 소비가 늘고, 그에 따라 기업활동이 왕성해지니, 일자리와 세수가 늘어 복지도 늘어나는 선순환이 시작되었습니다.

소수 대기업의 과다한 이익독점, 투자할 돈은 많지만 투자할 곳이 없고, 자본이 한쪽에 몰려 흐름이 멈춰가고, 자유와 경쟁의 이름으로 횡포와 약탈이 일상화된 오늘날 소득주도성장은 뉴딜 정책의 현대판입니다.

지속 성장을 위해 국제기구들이 권장하는 소득주도성장 정책은 극단적 불평등과 양극화, 저성장과 경기침체를 겪는 대한민국에 반드시 필요합니다.

뉴딜 정책도 7년에 걸쳐 추진됐는데, 소득주도성장 정책은 이제 시작입니다. 경제의 근본적 구조를 혁신하는 일이 하루아침에 가능하겠습니까?

지금은 성급하게 평가하고 비난하며 포기할 때가 아니라, 더욱 단단히 기초를 다질 때입니다.

문재인 정부의 소득주도성장 정책을 좌초시키려는 적폐세력에 맞서야 합니다. 경제실패를 통해 귀환을 노리는 기득권의 공격을 반드시 막아내야 합니다.

문재인 정부의 소득주도성장 정책 관철 노력을 적극 지지하며 경기도민과 함께 지켜내겠습니다.

2018년 8월 28일

나라 거덜 낸 건
재난지원이 아니라 부정부패입니다

이재오 의원님, 중구난방 재난지원으로 나라 거덜 난다고요?

입을 비뚤어졌어도 말은 똑바로 해야 합니다. 곳간이 거덜 난 건 구휼미 때문이 아니라 도적 때문입니다.

국민 세금 최대한 아껴 국민복지 증진 시키는 건 헌법상 국가의 의무이고, 국민의 권리입니다.

부정부패 없는 공정한 나라, 세금 내면 낭비하지 않고 국민복지에 제대로 쓰이는 북유럽이 망했는가요? 베네수엘라가 망한 건 국민복지 때문이 아니라 부정부패와 무능 때문입니다.

사대강에 천문학적 예산 낭비하고, 자원외교 국방강화 핑계로 국가재정 빼돌리는 부정부패에만 익숙하시니, 세금 아껴 국민복지 늘리고 소비 진작시키려는 애타는 노력을 보고도 '재난지원하다 나라 거덜 난다'고 하실 만도 합니다. 나랏빛 내 가며 해 먹는 것은 봤어도 세금 아껴 국민복지 늘리는 건 처음 보는 광경일 테니 이해도 됩니다.

그래도 재난극복을 위한 경기도의 처절한 노력은 폄하하지 마십시오.

경기도 있는 돈 없는 돈 다 긁어모아 차별 없이 1인당 11만 원씩 약 1조 5천억 원을 3개월 이내 소멸하는 지역화폐로 지원합니다.(도 기본소득 1조 3620억원 + 시군별 재난기본소득 도입 시군에 인구 1인당 1만원 씩 1362억 원 추가지원)

경기도는 증세 권한도 없고 지방채 발행도 맘대로 못하며, 오로지 정해진 세금 아껴 책임질 뿐이니, 혹여라도 경기도 재난기본소득 때문에 도민 부담 추가된다는 말씀은 마십시오.

통합당이 자꾸 저를 건드리니 한 말씀만 더 드리자면, MB 정권, 박근혜 정권 10년간 부정부패, 예산낭비, 부자감세 안 했으면 지금 국민 1인당 1,000만원씩(510조원) 주고도 남았을 겁니다.

마침 자전거 타고 사대강변 달리시던 분들 모습이 떠오르며, 침묵이 금이라는 말 참 좋은 말이라는 생각이 듭니다.

2020년 3월 31일

일본 무역보복은
경제의존 탈피의 기회

굴곡 많은 삶을 통해 얻은 진리가 하나 있습니다. '위기는 반드시 기회를 동반한다'는 것입니다.

일본의 무역보복은 분명 위기입니다. 국내 반도체 수출액의 43%가 경기도에서 나올 정도로 반도체 산업의 비중이 큰 경기도는 이 위기를 더욱 엄중하게 받아들이고 있습니다. 하지만 그만큼 '기회'라는 것 또한 확신합니다.

이번 일로 반도체 시장에서 일본이 얼마큼 독과점을 해왔는지 온 국민이 알게 되었습니다. 소수의 기업이 생산과 시장을 지배하는 독과점 시장에선 완전 경쟁 상태보다 가격이 높아집니다. 독과점 기업의 의도적인 폭리 추구 때문이지요. 대표적인 불공정 사례입니다.

그동안 일본 독과점 기업들이 한국기업을 상대로 폭리를 취해

온 것도 통탄할 일인데 일본 정부는 의도적으로 수출규제까지 발표했습니다.

일본의 무역보복은 일본 중심 독과점 체제를 바로잡고 경제의 존을 줄일 수 있는 기회입니다. 경기도 내 반도체 시장의 일본 독과점 사례를 전수 조사하고 그동안 감춰진 독과점 폐해까지 모두 발굴해 공개하겠습니다.

또한, 일본의 무역보복은 반도체 부품 국산화 전략이 얼마큼 중요한지 일깨워주는 기회이기도 합니다. 일본기업을 대체할 해외기업이 경기도에 투자할 경우 현금지원 및 기업부지 무상제공 등 파격 지원하고 경기도 자체적인 반도체 기업 생태계를 구축해 반도체 부품의 국산화를 앞당기겠습니다.

당장 성과가 나오진 않겠지만 이번 사태는 우리가 가야 할 길을 분명히 보여주었습니다. 일본이 스스로 열어준 이 기회를 반드시 살리겠습니다.

2019년 7월 4일

부동산 백지신탁제
도입 요청

망국적인 부동산 불로소득이 주택가격 폭등으로 또다시 문제되고 있습니다. 근본적으로는 토지 유한성에 기한 수요공급 불균형 문제겠지만, 현재는 정책 방향과 정책 신뢰가 심각한 문제입니다.

'정부를 이기는 시장은 없다'는 말처럼, 정확한 정책이 적시에 시행되고 국민이 정부의 정책 의지를 신뢰하면 부동산 가격도 얼마든지 통제가능합니다. 그러나 국민이 정책을 의심하면 아무리 좋은 정책도 별무효과입니다.

그래서 좋은 정책과 정책 신뢰는 정책 성공의 쌍두마차입니다.

우선, 좋은 부동산정책을 만들려면 정책 결정에 이해관계가 개입되지 않아야 합니다.

성인(聖人)이 아닌 이상 이해관계를 벗어나기 어렵고 팔은 안으로 굽게 마련이므로, 투자·투기용 부동산을 이미 소유하고 있거나 장래에 취득할 사람이 부동산 가격에 영향을 미칠 수 있는 고위공직자가 되면 가격상승에 유리하도록 할 수밖에 없습니다.

다음으로, 정책 결정에 영향을 미치는 사람이 부동산 소유자라는 사실 자체가 국민에게 부동산 가격상승을 암시하므로 정책 신뢰를 위해서도 부동산 소유자가 정책 결정에 영향을 미칠 수 없어야 합니다.

결국, 공정 타당한 부동산정책을 만들고 정책에 대한 국민 신뢰를 확보하려면, 고위공직자에 대해서 주식 백지신탁제처럼 필수부동산(주거용 1주택 등)을 제외한 부동산 소유를 모두 금지하는 부동산 백지신탁제를 도입해야 합니다.

고위공직자는 권한과 직무로 주가에 영향을 주므로 고위공직자가 되려면 주식을 처분하거나 처분을 위탁하는 주식 백지신탁제가 시행 중입니다. 고위공직자는 주식보다 부동산 가격에 영향을 더 많이 미치므로 주식 백지신탁을 도입한 마당에 부동산 백지신탁을 도입 못 할 이유가 없고 또 반드시 해야 합니다.

부동산 백지신탁제가 도입되지 않은 상태에서 청와대가 고육지책으로 한 '고위공직자 1주택 외 주택 매각 권유'를 환영합니다. 아울러 향후 '실주거용 1주택 외 모든 부동산 매각권유'로 확대되어 고위공직자 부동산 백지신탁제 도입의 초석이 되기를 바랍니다.

국회와 정부에 부동산 정책과 관련된 혼란과 부작용을 막기 위한 제1정책으로 고위공직자 부동산 백지신탁제 입법을 요청드립니다.

2020년 7월 5일

장기공공임대주택 확대와
투기수요 축소

주택은 주거수단이지 투기·투자 수단이 아닙니다. 생필품 아닌 사치품이나 투자자산에 대한 중과세는 모두가 수용합니다.

시장경제에서 집값도 수요공급에 따라 결정되지만, 토지는 생산이 불가능해 불로소득(즉 지대)이 발생합니다.

이 불로소득을 환수하고 주택가격이 적절한 수준을 유지하도록 조정하는 것이 정부의 역할입니다. 집값과 수요공급 조정수단은 금융, 조세, 소유와 사용 제한 제도 등 매우 다양합니다.

사람이 만든 문제는 사람이 해결할 수 있습니다. 해법은 기발한 아이디어나 엄청난 연구로 만들어지는 대단한 것이 아니라 이미 있는 여러 방법 중에서 선택하는 것입니다.

다만 그 선택은 정책결정자가 자신을 포함한 기득권의 반발을 감당할 용기와 결단에 달려 있을 뿐.

집값 안정을 위해서는 국민이 신뢰하는 정확한 정책이 선택되어야 합니다. 적정하게 공급을 늘리고, 투자나 투기용 수요를 억제시켜 실수요자만 주택을 보유하게 하는 것이 핵심입니다.

공급확대 방법으로는 신축공급이 원칙이지만, 투기 만발로 주택 매집이 성행하는 경우에는 투기투자용 주택이 매물로 시장에 나오게 하는 것이 더 중요합니다.

토지의 유한성 때문에 신축공급은 제한적일 수밖에 없고, 아무리 신축공급을 해도 투자나 투기수단으로 매집되면 의미가 없습니다.

우리나라는 전국 주택보급률이 100%를 넘고 수도권도 100%에 가깝지만, 자가보유율은 50%에 미달하여, 절반 이상의 주택이 실거주용이 아닌 투자나 투기수단입니다. 주택보급율 100% 시대의 주된 공급확대방법은 투기투자용으로 매집된 수백만 호가 매물로 나오게 하는 것입니다.

실거주용 외에는 취득·보유·양도에 따른 세금을 중과하여 불로소득을 제로화하고 대출을 제한해 집을 사 모을 수 없게 하면 투기투자 수요는 줄고 매집된 투자매물이 시장에 나와 공급을 늘릴 것입니다. 이는 신도시 수십 개를 만드는 것과 같은 효과를 냅니다.

임대사업자의 주택 취득과 보유 및 양도에 대한 특혜적 세금감면과 매입자금 대출 지원은 주택 매점매석을 도와 집값 폭등을 초래했고, 그 결과 등록된 임대소득자 보유 주택만도 157만 채에 이르며, 미등록 다주택을 합하면 수백만 채일 것입니다.

부동산에 따른 불로소득을 법인경비로 처리가 가능한 이상한 제도 때문에 사상 최대의 사내유보금을 보유한 법인들도 주택 등 부동산자산 매입에 열 올려 집값 상승을 부추깁니다.

이제 매점매석을 해소하고 주택시장을 정상화하려면 주택임대 사업자와 법인에 대한 세금감면과 대출 특혜를 폐지할 뿐 아니라 실거주 1주택보다 더 중과세하고 대출을 제한해 주택이 투기 투자 수단이 되지 않게 해야 합니다.

중과세와 대출강화를 즉시 시행하면 저항이 크고 정권교체를 기다리며 매각을 피할 것이므로 유예기간을 두어 현 제도하에 매각하도록 퇴로를 열어주는 것이 중요합니다.

취득·보유·양도시의 세금감면과 대출특혜가 커 현재 팔아도 큰 이익이고 이후에는 그 특혜가 모두 사라질 것이 예정되어 있다면 유예기간 내에 매각하지 않을 수 없을 것입니다.

투기투자용 주택소유 제한 외에 주택 수요를 줄이는 방법은 고품질의 장기공공임대주택을 대량공급해 주택 소유 없이도 편하게 싸게 평생 살 수 있게 하는 것입니다.

상한제 분양가와 시세 간 엄청난 차익 때문에 로또가 되어버린 분양으로 온 국민을 분양투기꾼으로 만들 것이 아니라, 공공택지에서는 꼭 필요한 부분을 제외하고 모두 중산층도 편히 살 수 있는 양질의 장기공공임대주택을 지어야 합니다.

　분양가와 시세 간 높은 차액 때문에 임대보증금이 분양가에 육박하여 재정부담도 크지 않습니다.

　LH나 경기도시공사 등 공기업에 대하여 자산(임대주택)이 있는 임대보증금채무는 채무비율에서 빼주고, 공사채 발행제한을 완화해주면 장기공공임대아파트는 얼마든지 공급 가능합니다.

　부동산 불로소득을 엄격히 제한할 용기와 결단만 있으면 투기 광풍은 얼마든지 잠재울 수 있습니다.

　문재인 정부와 민주당이 다주택 보유에 '징벌수준의 중과세'를 추진하기로 하였다는데 전적으로 공감하며 환영합니다.

　이번 위기를 망국적 부동산투기를 발본색원하는 기회로 만들기를 기대합니다.

2020년 7월 7일

투기용 부동산의 증세와
기본소득토지세 도입

집값 폭등을 포함한 부동산문제는 토지의 유한성에 기초한 불로소득(지대) 때문이고, 지대는 경제발전과 도시집중으로 늘어날 수밖에 없습니다.

이 불로소득은 없앨 수도 없고 없앨 이유도 없으며 헌법에도 토지공개념이 있으니 조세로 환수해 고루 혜택을 누리는 것이 합당합니다.

지금의 부동산문제는 과잉유동성, 정책왜곡과 정책신뢰상실, 불안감, 투기목적 사재기, 관대한 세금, 소유자우위 정책 등이 결합된 심각한 사회문제입니다.

거래허가제나 대출 및 거래 규제 등 불로소득증가 억제조치는 단기효과는 몰라도 장기적 근본대책이 되기 어렵고 풍선효과를 수반합니다.

따라서 자유로운 거래를 허용하되 필연적으로 발생 증가하는 불로소득을 부동산세(취득 보유 양도세)로 최대한 환수해야 합니다. 실거주용 1주택은 통상적 수준의 부동산세 부과와 조세감면으로 일부 불로소득을 허용하되 그 외 비주거용 주택이나 법인의 비업무용 부동산 등은 불로소득을 대부분 회수하여 투자나 투기가 불가능하도록 강력하게 증세해야 합니다.

저항이 있는 증세에 성공하려면 증세가 징벌 아닌 납세자 이익이 되도록 설계하고 또 납득시켜야 합니다. 민주국가에서 조세는 전액 국민을 위해 쓰이므로 나쁜 것이 아니지만, 낭비나 부정부패에 따른 불신으로 세금은 내는 만큼 손해라는 불신이 팽배합니다.

이 불신을 줄이려면 세금이 납세자를 위해 전적으로 쓰이고 대다수 국민은 내는 세금보다 받는 혜택이 더 많음을 체험해야 합니다. 이미 재난기본소득(재난지원금)에서 체험한 것처럼 정책목표를 위한 세금을 걷어야 한다면 써서 없앨 것이 아니라 국민소득과 소비로 연결시켜 복지와 경제활성화 두 마리 토끼를 동시에 잡는 지역화폐형 기본소득으로 전액 지급하는 것이 최선입니다.

개인토지소유자 상위 10%가 전체 개인토지의 64.7%를, 법인토지소유자 상위 1%가 전체 법인토지의 75.2%를 소유할 정도(2014년)로 토지불평등이 심각한데, 부동산증세액을 공평하게 환급하면 소득분포상 국민 90% 이상이 내는 세금보다 혜택이 더 많게 됩니다.

단기소멸성 지역화폐로 환급하면 소비 매출과 생산 및 일자리 증가로 경제가 활성화되고, 경제 활성화 이익은 대부분 고액납세자에 귀속되므로 조세저항은 매우 적을 것입니다.

우리나라는 복지지출이 OECD 평균인 22%의 절반(11%)에 불과한 저부담 저복지 국가이고, 국민 가처분소득 중 정부이전소득(세금으로 지원받는 현금복지)이 OECD 평균(21.4%)의 1/6에도 못 미치는 3.6%(2009년)입니다.

중부담 중복지를 거쳐 고부담 고복지 사회로 가려면 어차피 증세로 복지를 늘려야 하므로 늘어날 복지지출의 일부를 경제효과가 큰 지역화폐형 기본소득으로 지급하면 저항 없이 증세와 복지확대를 실현시킬 수 있습니다.

건물은 사람이 만들지만, 토지는 한정된 자원으로 국민 모두의 것이니 기본소득목적 국토보유세(기본소득토지세)는 건물 아닌 토지(아파트는 대지 지분)에만 부과됩니다. 현재 토지세는 재산세와 종부세로 토지가액의 0.16% 정도를 내는데, 비주거 주택 등 투기 투자용 토지는 0.5%~1%까지 증세하되 증세분 전액을 지역화폐로 전국민 균등환급합니다. 시뮬레이션 결과 국민 96%는 토지세를 아예 안 내거나 토지가 있지만 내는 토지세보다 환급금이 더 많습니다.

결국 기본소득토지세는 토지 불로소득 환수로 부동산투기 억

위기를 기회로 만드는 것이 진짜 실력입니다

국토보유세는 개인의 노력인 건물에 세금을 부과하는게 아니라 국민 모두의 소유인 토지를 사용하는 대가로 냅니다.

'국민 모두'의 것인 '토지'에 대한 세금인 국토보유세는

'국민 모두'에게 지급되는 '기본소득' 재원으로 적절합니다.

제, 조세조항 없는 증세와 복지확대 및 불평등 완화, 일자리와 소비축소로 구조적 불황이 우려되는 4차산업혁명시대에 소비확대를 통한 경제 활성화 등 다중복합효과를 가집니다.

기본소득토지세의 전국 시행이 어렵다면 세목과 최고세율(재산세와 종부세를 합한 0.5~1% 이내)을 지방세기본법에 정한 후 시행여부와 세부세율은 광역시도 조례에 위임하면, 경기도가 선도적으로 시행하여 기본소득토지세의 부동산투기 억제, 복지확대, 불평등 완화, 경제 활성화 효과를 직접 증명해 보이겠습니다.

오해할 수 있어 첨언하면, 주택은 주거용 필수품이고 부동산세 중과는 투기투자자산에 한정해야 하므로 무주택자의 실거주용 매입과 실거주 1주택은 중과세에서 당연히 제외해야 합니다.

위기를 기회로 만드는 것이 진짜 실력입니다.

지금의 부동산 대란 위기를, 공정하고 충분한 부동산 증세와 기본소득으로 망국적 부동산투기의 원천봉쇄, 복지확대와 경제회생, 4차산업혁명시대 모범적 k-경제의 길을 여는 기회로 만들기 바랍니다.

2020년 7월 9일

융복합사회에선
정책도 융복합이어야

홍남기 부총리님과 기재부가 좀 더 개방적이어야 합니다.

국가기능은 안보, 질서, 민생 3가지입니다.

전쟁, 재난, 테러, 질병 등으로부터 공동체를 유지 존속시키려는 안보(외교 국방에서 확장된 현대적 개념), 구성원 상호간 공정성을 보장하는 질서, 구성원의 삶을 개선하는 민생입니다.

그리고 민생의 핵심은 먹고 사는 문제 즉 경제입니다.

공동체 존속의 문제인 안보와 질서는 필수불가결한 최소한의 책무라면 민생과 경제는 최선을 다해야 하는 과제입니다.

투자처보다 투자금이 부족하여 투자자금만 있으면 얼마든지 투자할 수 있어, 정부가 재정정책과 금융통화정책을 기업지원 등 공급 측면에만 집중하면 생산 고용 가계소득 소비 수요가 순차 증가하고 그것이 다시 생산과 투자 고용을 증가시키는 선순환의 고성장 시대가 있었습니다.

그런데 이제 세상이 반대로 변했습니다.

인공지능 로봇으로 상징되는 기술혁명으로 명목상 노동생산성은 급격히 향상되었지만, 생산에서 차지하는 현실적 노동 비중의 감소에 따라 노동소득(가계소득의 핵심)이 상대적으로 감소하여 소비가 줄고 수요가 위축됩니다.

소수의 과도한 초과소득이 시장에서 퇴장하고, 투자금은 넘쳐나도 투자할 곳은 없으며, 소득 자산의 양극화로 소비 수요와 생산 투자 고용이 순차 침체되어 악순환하는 저성장 사회가 되었습니다.

고성장 사회에서 공급확장에 주력하던 재정 금융 정책은 공급 초과와 수요부족이 일상인 현 상황에서는 질적으로 달라져야 하고, 그 핵심은 바로 정책의 중심을 수요역량 확충에 두어야 한다는 것입니다.

그러나 경제관료와 일부 경제전문가, 경제지, 보수 정치인들은 이러한 질적 변화를 체감하지 못한 채 지나가 버린 고성장 시대의 인식에 머물러 과거 정책의 확장판에 매달리며 질적으로 새로운 정책을 내는 것을 두려워하며, 나아가 생각이 미치지 못하기 때문에 새로운 유효한 정책들을 폄하하고 비난하며 공격합니다.

기술, 자본, 노동의 질과 양, 제도 등 어느 것 하나 과거에 비해 모자라지 않음에도 과거와 달리 우리 경제가 저성장의 늪에 빠진 것은 결국 사람이 만든 문제이고, 사람이 만든 문제인 이상 사람이 의지를 가지면 얼마든지 해결할 수 있습니다.

1%의 경제성장은 연간 20조 원, 3% 성장은 연간 60조 원의 추가소득이 발생한다는 것을 의미합니다. 추가소득이 없는 상태에서 안보와 질서를 강화하고 일자리를 대량으로 만들며 청년 일자리나 저출생 문제를 해결하고 복지를 확대한다는 것은 구두선(口頭禪)입니다.

민생의 핵심은 경제이고, 모든 정책의 중심은 합리적인 경쟁과 자원이용을 통한 경제 활성화와 안정적 지속적 경제성장에 두어져야 합니다.

이제 기술도 과학도 산업도 경제도 융복합의 시대입니다.

한정된 재원과 자원을 늘리는 것은 쉽지 않으니 정책의 효율성을 높여 대응해야 합니다. 정책 효율성 제고 방법은 바로 정책 융복합을 통한 시너지 효과의 극대화입니다.

1개의 정책이 한가지 효과만 내게 할 것이 아니라 복합적 효과를 내도록 설계하고 집행해야 하며 조금만 연구하고 생각을 바꾸면 얼마든지 가능합니다.

복지와 경제 사이의 복지적 경제정책도 가능하며, 국방정책을 경제정책 효과를 가지도록 설계할 수도 있고, 금융정책이 복지정책인 동시에 산업정책이 되게 하며, 대출과 복지의 중간 정책도 있을 수 있습니다.

Fuel Cell
Electric Vehicle

HYUNDAI

Autonomous

대표적으로 성공한 것이 바로 소멸성 지역화폐와 가계소득지원을 결합시킨 지역화폐형 기본소득입니다. 가계소득 지원이라는 복지 성격과 소상공인 매출 증대를 통한 경제 활성화라는 경제효과에 더하여 위기 속의 연대와 공동체 의식 제고 효과가 뚜렷합니다.

그 외에도 징병 일부를 전문전투와 무기장비전문의 모병으로 전환해 같은 국방예산으로 청년 일자리를 만드는 동시에 첨단무기 중심의 스마트 강군으로 국방력을 강화하는 선택적 모병제, 투기를 막으면서 소비촉진을 통해 경제를 활성화하는 부동산정책, 억울한 금융배제자에게 장기저리대출 기회를 주면서 동시에 통화정책이 정상작동하게 하여 경제에 활력을 불어넣는 기본금융과 채무정리제도, 체납자 천 수백만 명에 십수조 원의 조세

체납을 정리하여 조세 정의를 추구함과 동시에 일자리를 늘리는 사업, 탄소 소비를 줄이고 에너지기업의 국제 경쟁력을 제고하며 가계소득 증가와 양극화 완화 효과를 내는 기본소득탄소세 등 조금만 생각을 바꾸고 정책을 융복합적으로 설계하면 지금의 재정과 권한으로도 얼마든지 지속적인 경제성장 속에 새로운 세상을 만들 수 있습니다.

기술개발과 시장개척, 창업을 지원하고 금융과 세제 등 제도를 통해 기업활동에 활력을 불어넣는 외에 현재의 저성장(혹은 마이너스 성장)을 타개하는 새로운 사고, 새로운 접근, 새로운 정책이 필요합니다.

경제관료와 학자 정치인 경제지들이 2~30년 전 고도성장기에 배운 후 기억 속에 박제하다시피 한 퀘퀘한 금융 통화 경제이론과 재정균형론에서 벗어나야 합니다.

좀 더 공부하고, 좀 더 현장적이고, 좀 더 진취적이어야 합니다.

경제지가 특정 대기업과 기득권을 편들 것이 아니라 거시적 시각에서 한국경제를 성장시키는데 유익한 기사를 제대로 쓰고, 경제전문가가 절판된 교과서 속 이야기가 아닌 지금 이 시간 경제현장을 분석해 새길을 제시하며, 경제관료는 경제가 살아날 새롭고 효율 높은 융복합정책을 내놓아야 하며, 정치인은 모두가 행복한 더 나은 길에 개방적이어야 합니다.

2020년 12월 19일

경제정책인 지역화폐

보편지급 반드시 필요합니다

경제위기 때 소비촉진을 통한 경제 회생을 위해 현금으로 가계소득을 지원하면 국민은 더 나쁜 미래를 대비하려고 정부 의도와는 다르게 소비가 아닌 저축을 선택합니다(축장효과). 그래서 학계에서는 일정 기간 내 안 쓰면 썩어 없어지는 화폐를 구상하기도 했습니다.

일본이 과거 헬리콥터머니를 뿌렸을 때도 그랬고, 이번에 1000달러씩 수표로 지급한 미국에서도 수개월이 지나도록 수표 사용액이 15%에 불과하며, 전 국민에게 10만 엔(106만 원)씩 지급한 일본에서도 10%인 1만 엔만 소비되고 나머지는 저축되는 바람에 소비 진작에 의한 경제 활성화 효과는 없이(이데일리 2020. 12. 28. 보도) 재정만 소모되었습니다.

이와 달리 3개월 시한부 지역화폐로 보편지급한 정부의 1차 재난지원금과 경기도의 재난기본소득은 100% 소비될 수밖에 없었고, 그에 더하여 30%(KDI) 내지 85%(경기연구원)의 추가소비가 있었습니다.

이는 1차 재난지원금의 생산유발 효과가 1.81배라는 국회 예산정책처의 분석(국민의힘 추경호 의원 요청에 따른 분석임)과도 일맥상통합니다.

특히 이미 평균 GDP 대비 109%의 국채를 부담 중이면서도 코로나 사태에서 경제회생용 확장재정정책을 위해 평균 13%의 추가 국채를 발행한 전 세계 국가들에게, IMF는 GDP 1%를 재정지출하면 2.7%의 GDP 성장효과가 있으니 2021년까지 확장재정정책을 계속하라고 권고 중입니다.

특정 피해계층의 피해 보전을 위한 핀셋 선별지원도 필요합니다. 그러나 피해는 특정계층이 아닌 온 국민이 함께 입었고, 소비진작을 통한 경제활성화 정책인 재난지원에서 세금 낸 국민을 배제하는 것은 부당한 차별이며, 위기 때 차별대우는 국민 간 분열과 갈등 조장으로 위기 탈출의 핵심인 연대 의식을 훼손하므로 경제정책 효과가 탁월한 전 국민 지역화폐 지급을 굳이 회피할 이유도 없습니다.

피해보전을 위한 시혜를 지역화폐로 할 수는 없으니 경제활성화를 위해 소멸성 지역화폐를 지급하려면 전 국민 보편지급이 불가피합니다.

지역화폐로 보편지급한 1차 재난지원금 13조 원으로 국민은 2달 이상 명절대목을 체감했고 통계상 지난해 이상의 소비가 이루어졌지만, 1차 지원금의 60%에 이르는 8조 원을 선별 현금 지급한 2차 재난지원금은 통계상이나 체감상으로 소비확대를 통한 경기활성화 효과는 발견하기 어렵습니다. 현금 지급이 소비확대에 크게 도움이 안 되는 것은 이미 외국 사례에서도 입증되었습니다.

게다가 전 국민 보편적 지역화폐 지급과 선별적 현금지급정책을 모두 겪어 본 민생현장의 소상공인과 소상공인 단체들이 스스로 나서 '내게 현금 주지 말고 국민에게 지역화폐를 지급해 매출을 늘려 달라'고 호소하고 있습니다.

3차 재난지원금은 여야 합의로 선별 현금 지급이 결정되었지만, 문제는 지금까지 1차 2차 유행으로 경제피해가 누적된 상태에서 3차 대유행으로 더 어려워질 민생경제입니다.

당초 −29%였다가 −20% 중반을 유지하던 자영업매출이 12월 3주차에 −32%로 급감했습니다. 이 상태가 지속되면 골목경제와 1차 경제생태계가 궤멸적 손상을 입을 우려가 있습니다.

경기도는 도 차원의 전 도민 지역화폐 지원방안을 검토 중이지만 재정상 어려움으로 고민이 큽니다. 경제부처와 정치권에서 시혜가 아니라 국민경제 회생을 위한 경제정책으로써 전 세계 국가들을 따라 확장재정정책을 수용하고, 그 일부로서 소멸성 지역화폐 전 국민 지급을 전향적으로 검토해 주시기를 간곡히 요청드립니다.

같은 돈이라도 위기 시와 평상시의 가치는 천양지차라는 사실을 명심해야 할 때입니다.

2020년 12월 29일

국민의 어려움을
외면하지 말아야

우리나라는 가계부채 문제가 매우 심각합니다. 국제금융협회 (IIF) 통계에 의하면 지난해 3분기 기준 우리나라의 GDP 대비 가계부채비율은 100.6%에 달합니다. 국가가 1년간 벌어들이는 돈보다 가계부채가 더 많다는 뜻입니다. 선진국 평균 78%, 50여 개국 평균 65.3%에 비해 매우 높은 수치입니다.

반대로 우리나라 국가부채는 매우 적습니다. 우리나라 국가부채는 GDP 대비 45.9%로, 선진국 평균인 131.4%의 3분지 1 수준에 불과합니다.

아래 기사에서도 확인할 수 있지만, 코로나19 위기에 대응하면서 대다수 나라의 국가부채가 큰 폭으로 증가했고, 그 결과 가계부채는 줄어드는 경향이 뚜렷합니다.

반면, 우리나라는 국가부채는 찔끔 늘어난 대신 가계부채는 치솟고 있습니다. 다른 나라들이 곳간을 풀어 국민을 살리는 동안, 곳간이 넉넉한 우리나라는 곳간을 지키기 위해 국민의 고통을 외면하고 있다는 뜻입니다.

상황이 이런데도 균형재정론에 사로잡힌 기재부는 적은 재정 투입으로 경제적 피해를 최소화했다고 자족하고 있고, 야당을 비롯한 확장재정반대론자들은 국가부채 증가는 무조건 안 된다는 말만 되풀이합니다.

여력이 있는 국가가 빚을 내서라도 가계부담을 줄일 것인지 아니면 가계고통은 외면하고 뒷짐만 지고 있을지는 선택의 문제입니다.

그러나 국민이 없는 국가가 있을 수 없고, 국가란 국민을 위해 존재해야 하는 것처럼, 평시도 아닌 전례 없는 위기상황에서 국가는 적극 개입으로 가계의 어려움을 돌봐야 마땅합니다.

엄격한 재정정책을 신봉하던 OECD도 팬데믹 위기상황을 맞아 긴축정책의 위험성을 경고하고 재정확장 필요성을 강조했습니다. "단기적인 수치를 조정하는 목표를 폐기하고 경제가 정상으로 돌아올 때까지 공공부채의 증가를 받아들여야 한다"는 것이 수석 이코노미스트의 입장이며 이는 지극히 합당합니다.

지금이라도 정부가 적극적 확장재정정책으로 국민을 살려야 합니다. 저금리, 저성장, 양극화가 엎친 위에 코로나 팬데믹까지 덮친 마당에 고도성장기의 곳간 지키기 식 재정정책은 시대에

뒤떨어질뿐더러 본말이 전도된 접근입니다.

국민을 가난과 부채에 내몰고 유지하는 형식적 재정건전성은 무의미하며 건전한 재정은 그 자체가 목표가 아니라 위기와 경기침체에서 적극 활용해야 할 수단이자 조건에 지나지 않습니다.

확장재정은 불가피합니다. 하느냐 마느냐가 아니라 이제는 어떤 방식으로 재정을 확장할 것인지 논의해야 할 때입니다.

2021년 1월 12일

영업제한 소상공인보상법
반드시 제정해야

특별한 희생에는 특별한 보상이 뒤따라야 합니다. 국민의 생명과 건강, 안전을 위해 손실을 감수한 분들께는 지원과는 별개로 법에 근거한 보상을 해드리는 것이 헌법정신에도 맞고 공동체 원칙에도 부합합니다.

헌법 23조 제3항은 "공공필요에 의한 재산권의 수용 · 사용 또는 제한 및 그에 대한 보상은 법률로써 하되, 정당한 보상을 지급하여야 한다."라고 규정하고 있습니다.

그런데 현행 감염병예방법은 의료기관 격리시설 등에 대한 손실보상은 규정하지만, 이번 3차 재확산 시기 시행된 집합금지, 영업제한 등의 조치에 따른 재산상 손실 규정은 없습니다.

이 때문에 정부의 행정명령에 따라 직접적으로 영업제한을 당한 소상공인들에 대한 '보상'을 제도화하는 입법이 절실합니다.

중소벤처기업부 자료에 의하면 집합금지업종에 해당하는 소상공인은 11만6천 명이 넘고 영업제한업종 소상공인도 76만2천 명 이상입니다. 공동체의 안위를 위해 행정명령에 따라 직접적인 타격을 입고 있는 만큼 이들에게 합당한 보상을 하는 건 당연합니다.

　　더불어민주당 김태년 원내대표님께서도 적극적이시고, 민주당과 국민의힘에서도 법안을 발의했으며, 정세균 총리님께서도 기재부에 주문하신 만큼 조속한 시일 안에 법안이 마련되길 기대합니다.

　　현장 상황은 절박합니다. 당리당략, 정치적 이해를 떠나 하루빨리 손실보상이 이뤄지도록 힘써주시길 간곡히 요청드립니다.

2021년 1월 22일

LH 임직원 부동산투기 의혹.
선의에 기댈 것이 아니라 제도화해야 합니다

'혹시나'가 '역시나'가 되면 어떠한 정책도 먹히지 않습니다. LH 임직원의 부동산 투기의혹은 괴담처럼 떠돌던 이야기가 현실로 드러난 것입니다. 국민들의 실망과 공분이 얼마나 크실지 가늠도 되지 않습니다.

3기 신도시는 문재인 정부가 집값 안정을 위해 마련한 특단의 공급대책입니다. 정부의 정책 의지에 찬물을 끼얹었고 시장에 부정적인 신호까지 주었습니다. 공기업의 존재 이유를 망각한, 국민에 대한 심각한 배신행위입니다.

발본색원과 분명한 처벌은 당연합니다. 비가 오나 눈이 오나 합의된 규칙을 지키는 것이 명백히 이익이라는 점을 분명히 해야 합니다.

문재인 대통령님께서 지시하신 전수조사와 함께, 경기도 역시

3기 신도시 전 지역과 경기주택도시공사(GH) 및 유관부서를 대상으로 한 전면적인 자체 조사에 들어갑니다.

동시에, 더이상 공직자의 자발적 청렴이나 선의에만 기댈 것이 아니라 법으로 제도화해야 합니다. 주택시장 정상화의 첫 단추로 '공직자 부동산 백지신탁제'부터 도입해야 합니다.

'부동산으로 돈 벌고 싶다면 국민의 공복이 아닌 사업가를 하라'는 확실한 시그널을 보내야 합니다. 경기도는 공직자를 대상으로 다주택 처분을 권고하고 지난 인사부터 다주택 여부를 인사에 반영토록 제도화했습니다. 대상자의 30% 넘게 다주택을 처분했고, 결과적으로 다주택자 임에도 승진한 4급 이상 고위공무원은 없었습니다.

부동산임대사업은 영리행위이므로 법률상 공직자의 영리행위 금지조항에 따라 규제하는 것이 맞습니다. 경기도민을 대상으로 조사하니 10명 중 7명이 적절한 조치라는 조사결과도 있습니다.

신뢰가 무너지는 속도는 얻는 속도에 몇 배입니다. 국민의 무너진 신뢰를 회복하는 길은 망국적 부동산 공화국의 현실에 걸맞은 특단의 대책입니다.

2021년 3월 3일

고양이에게
생선을 맡길 수는 없습니다

이재명 정부에서는 다주택 고위공직자가 부동산 정책 결정에 참여하는 일, 결코 없을 것입니다.

서울시의회가 김현아 서울주택도시공사(SH공사) 사장 후보자에 대해 '부적격' 의견으로 인사청문 보고서를 의결했습니다. 당연한 결정입니다. 오세훈 시장은 지금이라도 임명 계획을 철회하길 바랍니다.

아무리 좋은 정책도 당국에 대한 신뢰가 없으면 효과를 발휘할 수 없습니다. 부동산정책은 더욱 그러합니다. 각종 인허가, 국토계획, 도시계획 등 부동산 가격에 영향을 미칠 뿐만 아니라 개인, 집단의 이해가 첨예하게 얽힌 영역이기 때문에 그렇습니다.

김현아 후보자는 강남 아파트를 비롯해 부동산을 4채나 보유하고 있는 '다주택자'입니다. 상식적으로 주택정책을 결정하는 중요한 직위에 다주택자를 임명한다면 어느 누가 정책을 신뢰하겠습니까. 고양이에게 생선가게를 통째로 맡기는 꼴입니다.

공직자의 자발적 청렴이나 선의에만 기댈 수 없는 일입니다. 법적인 제도화가 필요합니다. 그래서 저는 부동산, 주택정책을 담당하는 공직자에게 '부동산 백지신탁제'를 도입해야 한다고 주장해 왔습니다.

정책결정권자의 의지도 중요합니다. 이미 경기도에서는 4급 이상 공직자의 경우 승진 인사에 다주택 여부를 반영하고 있습니다.

지난해 8월 다주택을 보유한 고위공직자들에게 거주용 1주택을 제외한 나머지 주택을 모두 매도할 것을 권고했고, 실제로 인사에 다주택 여부를 반영하고 있습니다.

제가 이런 방침을 천명한 이후 최초 조사 당시 132명에서 76명으로 42.4%나 자연 감소했습니다. (2020년 12월 기준)

다주택 보유 사실을 숨기고 보유현황을 허위로 제출해 올해 1월 4급으로 승진한 공무원 1명은 직위 해제하고, 승진취소 중징계를 검토하고 있습니다.

다주택자가 부동산정책을 결정하거나 관여하는 일은 더이상 없어야 합니다. '부동산 공화국'이라는 오명에서 벗어나야 합니다. 할 수 있는 모든 것을 다할 것입니다.

국민 여러분께 약속드립니다. 이재명 정부에서는 다주택자가 부동산정책을 다루는 일을 결코, 용납하지 않을 것입니다.

국민과의 약속, 반드시 지키겠습니다.

이재명은 합니다.

2021년 7월 29일

임대사업자 특혜
'폐지'가 답입니다

김두관 의원님이 부동산 임대사업자에 대한 '혜택 축소'를 제기하셨습니다. 그동안 이 문제에 관해 사실상 저 혼자 메아리처럼 외치던 차였는데 함께 목소리 내 주시니 반가울 따름입니다. 그 취지에는 같은 마음일 것으로 추측하며, 첨언하자면 '혜택 축소'가 아니라 '특혜 폐지'가 답이라는 점을 말씀드립니다.

국민께서 들으시면 깜짝 놀랄 불공정입니다. 땀 흘려 일하고 내는 근로소득세나 선량한 실거주 1주택에 대한 세금보다 임대사업으로 내는 세금이 적은 건 납득하기 어렵습니다. 실거주 1주택자들도 집값이 오르면 종부세 대상이 되는데 주택임대사업자만은 집값이 올라도 종부세 대상에서 제외하는 예외규정은 명백한 특혜입니다.

아울러 현재 개인정보라며 비공개되어있는 주택임대사업자와 임대사업 현황 역시 투명하게 공개되어야 합니다. 돈과 비용만 있으면 누구나 적법하게 전국 모든 주택의 등기부나 건축물대장을 받을 수 있는데 부동산 시장 관리에 필요한 정보들을 왜 비공개로 감추고 있는지 의문입니다.

등록된 임대주택만 160만 채, 분당신도시 10개에 육박하는 주택의 임대사업자들이 그동안 특혜를 누려왔습니다. 불공정한 제도를 방치하고 부동산 불패 신화를 결코 깰 수 없습니다.

이제 실천할 때입니다. 늦었지만 행동할 때입니다. 주택시장 교란하고 집값 폭등 견인하는 주택임대사업자에 대한 특혜를 즉각 폐지하고, 금융 혜택을 제한하며, 나아가 투기 투자자산이므로 생필품인 주거용보다 강한 조세 부담을 부과해야 할 것입니다.

결국, 용기와 결단의 문제입니다. 기득권 저항이 두려워 또다시 민생개혁의 실천을 유예한다면 국민의 매서운 회초리를 피할 수 없을 것입니다.

2021년 4월 27일

농업법인 악용
불법 농지투기 26개 적발

부동산투기는 만악의 근원입니다. 땀 흘려 일하는 사람들의 꿈을 짓밟고 과도한 가계부채와 내수침체, 제조업 공동화, 빈부격차로 인한 사회갈등까지 부추깁니다.

이 때문에 부동산투기에 대해서는 강력한 단속이 필요합니다.

경기도가 권한은 미미하지만 가진 권한을 최대한 활용하여 부동산 불법 투기에 대해서는 일벌백계의 본보기가 되도록 끝까지 추적, 반드시 책임을 지게 할 것입니다.

경기도 반부패조사단은 LH 사태 이후 공직자 투기를 감사하는 과정에서, 26개 농업법인의 불법투기를 찾아내 고발조치했습니다.

공소시효가 경과한 1개 법인을 제외한 25개 법인을 고발하고, 공소시효가 지난 법인은 관할 지방정부에 행정처분하도록 통보합니다.

이들 농업법인이 도내에서 취득해 매도한 토지는 축구 경기장 60개 크기인 60만389㎡에 달했습니다. 투기로 얻은 부당이득도 1,397억 원에 이릅니다. 이 중 농지가 70%인데, 적발된 26개 법인이 농사를 짓겠다고 허위신고한 농지투기로 챙긴 불로소득만도 1,106억 원에 이릅니다.

LH 사태에서 보았듯이 개발예정지 중심으로 농지투기가 만연한 데는 법제도적인 허점도 한몫하고 있어, 경기도는 농지 불법투기 방지를 위한 제도개선안을 중앙정부에 건의할 예정입니다.

특히 농지취득을 위장한 투기를 막으려면 의무보유기간을 신설해 취득농지는 실제 영농행위와 함께 일정 기간 의무적으로 보유하게 해야 합니다. 그렇게 한다면 단기분할매매 수법의 투기는 어려워질 것입니다.

농업법인 설립자는 농업경영체 등록 자료제출을 의무화하고, 허위취득농지 등에 대한 처분명령 유예(현행 3년)제도를 폐지해야 합니다.

누군가의 불로소득은 누군가의 억울한 손실입니다. 땀 흘려 일하는 사람과 부자가 존중받고 미래가 있는 세상을 만들려면 부동산투기는 반드시 뿌리 뽑아야 합니다.

경기도에서만큼은 부동산투기가 어렵도록 만들겠습니다.

(안타깝지만 불가능하게 만들 권한은 없습니다)

2021년 4월 27일

청년은 '특혜' 아닌
'공정'을 원하고 있습니다

재보궐 선거 이후 청년 민심을 두고 백가쟁명식 해석이 난무합니다. 선거를 앞두고 '청년은 전통적 진보·보수라는 이분법을 거부한다'고 말씀드렸지만 여전히 우리 정치가 청년세대를 있는 그대로 직시하고 있는지 의문입니다.

저는 찢어지게 가난했지만, 기회가 많던 시대를 살았습니다. 서슬 퍼런 군부독재가 계속되고 제도적 민주화가 불비하여 지금보다 불공정은 훨씬 많았지만, 오늘보다 나은 내일을 꿈꾸는 데는 모두 주저함이 없었습니다. '젊어서 고생은 사서도 한다'는 말도 그래서 가능했을 것입니다.

지금 청년들이 사는 세상은 너무도 다르지요. 열심히 일해서 대출받아 집 사고 결혼하는 공식은 이미 깨진 지 오래입니다. 사회의 성장판이 예전 같지 않아 선택지는 줄었고 부모의 재력에 따라 나의 미래가 결정되는 신분제에 가까운 '세습자본주의'가 심화되었습니다. 노동해서 버는 돈으로는 치솟는 집값을 감당할 수 없으니 주식과 비트코인에 열중하는 것은 당연한 수순입니다.

기회의 총량이 적고 경쟁이 치열해지다 보니 그만큼 불공정에 대한 분노는 심해질 수밖에 없습니다. 세대갈등도 성별갈등도 이런 시대적 환경조건과 맞물려 있습니다.

성별갈등은 존재하는 갈등입니다. 여론조사를 통해 2030 세대가 뽑은 가장 큰 사회갈등으로 꼽힌 지 몇 년이 되었는데 그동안 이를 인정하지 않았다는 것부터 우리 사회가 성찰해야 할 대목입니다. 청년 여성도 청년 남성도 각각 성차별적 정책이 있다고 호소하고 있다면 있는 그대로 내어놓고 토론하고 합의 가능한 공정한 정책을 도출하면 됩니다. 가장 나쁜 것은 갈등을 회피하고 방치하는 것입니다.

비단 몇몇 군 관련 정책으로 청년 남성의 마음을 돌리려는 시도는 성공하기 어려워 보입니다. 다짜고짜 우는 아이 떡 하나 주는 방식으로는 모두에게 외면받습니다. 청년세대는 '공정'을 원하지 '특혜'를 원하고 있지 않습니다. 병사 최저임금, 모든 폭력으로부터의 안전 강화, 경력단절 해소 및 남녀 육아휴직 확대, 차별과 특혜 없는 공정한 채용 등 성별 불문 공히 동의하는 정책 의제도 많습니다. 회피하지 않고 직면한다면 문제를 해결할 수 있습니다.

근본적인 해결책은 지속 가능한 성장의 동력을 다시 만들어내는 것입니다. 최소한의 먹고사는 문제, '경제적 기본권'을 지켜내고 청년은 물론 모든 세대에게 존엄한 삶을 살 수 있는 다양한 선택지가 주어져야 합니다. 제가 줄곧 말씀드리는 기본소득, 기본주택, 기본금융 모두 그 방향을 향하고 있습니다.

이제 세대로 혹은 성별로 나누어 누가 더 고단한지를 경쟁하는 악습에서 벗어나 함께 공통의 문제를 해결하는 여정에 나설 때입니다. 서로를 향한 극심한 반목과 날 선 말들이 난무하여 당장은 막막해 보일지 모르지만, 우리 사회가 그동안 이루어온 성취를 생각하면 이 갈등 역시 충분히 해결할 역량이 있다고 믿습니다.

2021년 4월 29일

기업은 혁신을,
정치는 공정한 경쟁환경을

기업의 창의적 기술혁신이 없다면 4차 산업혁명의 높은 파고를 넘어설 수 없습니다. 세계적으로 저성장 국면에 접어들어 기회의 총량은 줄고 경쟁은 치열해진 환경 속에서도 우리나라 기업들은 끊임없는 혁신의 길로 나아가고 있습니다.

오늘 방문한 현대 · 기아차 기술연구소에서도 새로운 성장 동력의 가능성을 실감했습니다. 자동차 산업의 현주소를 확인하고 단순한 이동수단을 뛰어넘어 '플랫폼' 역할을 하게 될 미래차의 성격을 비롯해 많은 것을 배울 수 있었습니다. 특히 코로나19 여파로 글로벌 수요가 부진한 와중에도 전기 · 수소차를 포함한 친환경차로 역대 최대 판매실적을 기록한 점은 고무적이었습니다.

'시련은 있어도 실패는 없다'는 정주영 선대 회장님의 말씀처럼 자신감 넘치고 도전정신 투철한 기업인들이 자유롭게 경쟁하며 자기 역량을 충분히 발휘할 수 있도록, 공정한 환경을 만드는 것이 정치의 몫이라고 생각합니다. 부당한 압박이나 부정행위를 요구하던 구시대적 관행은 더이상 없겠지만 이제는 한발 더 나아가 불필요한 규제는 합리적으로 개선해 생산적인 기업 활동을 보장해야 할 것입니다. 노력하겠습니다.

기업과 정치의 관계는 때로는 적대적으로 보이기도 합니다만, 결국 대한민국의 먹고 사는 문제, 민생과 경제를 책임져야 하는 중요한 두 축입니다. 긴밀한 협력을 통해 급변하는 글로벌시장의 위기를 기회로 만들어나갑시다.

2021년 5월 24일

인공지능으로 열어갈 미래,
함께 준비해갑니다

4차 산업혁명 시대에 펼쳐지는 첨단 기술들은 고전적인 산업혁명을 뛰어넘는 질적인 변화를 가져올 것입니다. 그중에서도 인공지능은 디지털 대전환기의 핵심기술로서 전 세계가 총력을 기울이는 주요 산업이기도 합니다.

오늘 방문한 성균관대 인공지능대학원에서 실용화를 앞둔 다양한 기술을 접하고 전공하는 학생들과 대화를 나누면서 학계의 치열한 노력을 실감했습니다. 실질적인 성과로 이어지기 위해서는 공공의 안정적인 지원이 뒷받침되어야 할 것입니다.

경기도는 인공지능 정책자문단을 운영하면서 AI 실증 사업화를 지원하고 판교테크노밸리에 AI 테스트베드를 조성하고 있습니다. 무엇보다 기술을 개발하고 운영할 사람이 중요하기에 인재양성 지원도 소홀함 없이 최선을 다하고 있습니다.

도정을 맡아 현장을 살피다 보면 인공지능을 포함한 첨단 영역에는 인력이 부족한 반면 다른 한편으로는 청년들이 극심한 취업난에 직면한 것을 깨닫습니다. 우리 교육의 방향성을 재검토하고 근본적인 변화를 이루어야 하는 시점에 인공지능대학원처럼 우수한 인재양성에 힘쓰는 곳이 있어 든든하고 고맙습니다.

  새로운 산업형태와 더불어 새로운 직업, 새로운 노동의 기회가 열릴 것입니다. 시대에 어쩔 수 없이 끌려갈 게 아니라 한 발이라도 앞서나가도록 미래산업의 길, 성장의 길을 적극적으로 열어나갑시다. 오늘 만난 학생 여러분들 무척 반가웠습니다.

2021년 5월 28일

반드시 가야 할 '초록길',
경기도가 먼저 찾겠습니다

지난해 여름은 흐린 날도 많았고 유례없이 길었던 장마로 늦여름까지 더위를 별로 느끼지 못했습니다. 시원했던 여름이 기후위기 때문이라니, 말 그대로 위기감이 일상에까지 엄습해온 상황입니다.

기후위기 극복은 가던 길을 멈춰 서는 것만으론 이뤄질 수 없습니다. 그것은 우리 사회가, 그리고 인류 전체가 걸어온 회색길이 아닌 작은 초록길을 찾는 과정이라고 생각합니다. 기후위기 대응과 극복 역시 에너지 효율의 획기적 증대, 탈탄소 녹색성장 등 기술과 생산능력 증대 없이는 가능하지 않습니다.

사람 사는 세상에는 언제나 위기가 있었지만, 인류는 지금껏 위기를 극복해 왔습니다. 사람이 만들어 낸 모든 문제는 사람의 힘으로 해결할 수 있다고 저는 믿습니다.

전 세계가 하나의 생활권·경제권으로 묶이고 있기에 어차피 가야 할 길, 우리가 먼저 가는 것이 미래를 주도하는 길입니다. 그것이 장기적으로 .비용도, 고통도 줄이는 길입니다. 경기도형 그린 뉴딜, 탈석탄 동맹 가입 등 그동안의 실천들도 먼저 새로운 길로 나아가기 위한 노력입니다. 경기도는 탈탄소 전환의 시대에 반 발짝 앞서 나가기 위한 결단에 주저하지 않을 것입니다.

오늘 위촉되신 '기후대응·산업전환 특별위원회' 위원분들께서 다양한 분야를 포괄하는 심도 있는 활동으로 경기도의 대전환을 함께 이끌어주시길 기대합니다.

2021년 6월 7일

소부장 자립,
차기 정부가 이어가야 합니다

일본의 수출규제 등 경제보복 조치는 2018년 대법원이 일제 강제징용 피해자에 대한 개인 청구권을 인정한 이후 기습적으로 자행됐습니다.

당시 경제규모 세계 3위 국가 일본의 규제로 인한 경제충격 우려가 팽배했습니다. 일본에 의존적인 소부장 산업의 자립이 과연 가능할까 하는 의구심도 있었습니다. 일본과의 외교적 해결을 원하는 목소리도 높았습니다. 하지만 문재인 대통령께선 과감한 조치를 단행했습니다.

소부장 자립은 문재인 정부의 결단, 정부 정책을 지지하고 소부장 펀드에 투자한 국민 여러분, 기술협력으로 빠른 국산화를 이룩한 대·중·소 기업, 소부장 예산을 조속히 처리한 국회 등 모두가 합심해 이룩한 성과입니다.

경기도 역시 소부장 기술자립의 비전에 함께했습니다.

반도체 산업이 집중된 경기도는 전국에서 소부장 관련 기업이 가장 많아 당시 큰 타격이 예상됐습니다. 지체없이 긴급대책을 수립해 수입선 다변화를 통한 대체물량 확보에 주력했습니다. 또 소재부품 R&D 개발과 소부장 클러스터 조성 추진, 장기적으로 시스템반도체 소재·소자를 포함한 주요 부품 국산화 추진에 가능한 모든 노력을 기울였습니다.

'소부장 자립' 과정에서 우리는 50%에 육박하던 불화수소의 일본 의존도를 10%대로 낮췄고, 100대 핵심품목에 대한 일본 의존도를 25%까지 줄었습니다. 1인당 국민총생산(GDP) 규모도 일본을 처음 추월했고 경제 규모 세계 10위 국가가 되었습니다. 이것이 위기를 기회로 만든 대한민국의 저력입니다.

더이상 우리에게 일본은 넘지 못할 벽이 아닙니다. 문재인 정부가 소부장 산업에서 이룬 성과를 확실하게 계승하고 소부장 강국의 시대를 열겠습니다.

2021년 7월 4일

악의적 허위보도
징벌배상 명시해 도입해야

고의 중과실 불법행위에 대한 징벌배상제 도입 입법 예고가 있었습니다. 공정경쟁과 투명사회를 위한 노력을 환영합니다.

그런데, 언론적폐 청산과 정론직필 언론을 보호하려면 악의적 허위보도에도 징벌배상제도가 도입되어야 합니다.

언론은 민주주의를 떠받치는 주요 장치로, 입법 사법 행정에 이어 제4부로 불릴 만큼 중요하며, 따라서 상응하는 보호와 보장을 받습니다.

그런데 일부 언론이 민주주의를 위한 도구를 사익을 목적으로 민주주의 파괴에 악용하는 사례가 빈발하고 있습니다.

누군가의 인권을 침해하고 공론의 장을 훼손하며 악의적 가짜 뉴스로 부당한 이익을 취하지 못하게 해야 하고, 이를 위해서는 기존의 실효성 떨어지는 손해배상과 형사처벌 외에 징벌배상제도가 반드시 도입되어야 합니다.

　그런데 입법 예고를 보면 상법에 일반조항으로 '상인이 고의 또는 중과실로 타인에게 손해를 가한 경우'에 징벌배상 책임을 지지만 '상인이 상행위로 인한 손해가 아님을 입증하면 적용되지 않는다'라고 합니다.

　언론보도 자체는 상행위라 보기 어려운 측면이 있어 실제 적용 시 논란의 여지가 많으므로 악의적 허위보도에 대한 징벌배상은 법문으로 명백히 밝히는 것이 좋겠습니다.

2020년 9월 24일

건축물 앞 미술작품을 둘러싼
리베이트와 독과점, 끝내겠습니다

건축물을 지을 때 건축비 중 일정 금액은 미술작품 설치에 쓰게 돼 있습니다. 하지만 작품 선정과정의 리베이트, 특정 작가의 독과점, 판박이 조형물 등 불공정 관행이 문화예술 진흥이라는 본래 취지를 능가하고 있는 실정입니다.

건축물에 미술작품을 10점 이상 낸 작가가 불과 400명이라고 합니다. 얼마나 많은 예술인이 기회를 박탈당하고 있는지 아시겠죠?

오늘은 김준만, 고성익 작가님, 강재영 큐레이터님을 모시고 건축물의 미술작품 설치제도의 투명성과 공정성 확보를 주제로 소셜라이브 토론을 가졌습니다.

패널분들, 또 SNS로 참여하신 여러분들의 의견을 토대로 경기도 공공주택 건설 시에는 반드시 공모제를 통해 미술작품을 선정하도록 추진키로 했습니다. 민간 상업빌딩과 같이 의무 대상이 아닌 경우에도 공모제를 도입하면 인센티브를 주는 방안을 만들 방침입니다. 그 밖에도 다양한 현장의 의견들, 적극적으로 반영할 것이니 또 좋은 의견 있으신 분들 언제라도 댓글 주세요!

오늘 법률적인 공방이 특히나 치열했지요? 위법하지 않은 범위 내에서 경기도가 최대의 권한을 발휘하겠습니다. 문화예술인에게도 평등한 기회, 공정한 경쟁이 보장되는 경기도, 여러분과 함께 만들어가겠습니다.

2018년 12월 18일

게임산업에 대한
새로운 접근과 시각이 필요합니다

날이 갈수록 게임이 우리 문화의 일부가 되어가는 것 같습니다. 한때 게임이용장애를 질병으로 규정했던 세계보건기구도 1년이 채 되지 않아 게임을 권장하며 사회적 거리두기 캠페인을 하기도 했으니, 인식의 변화가 참 빠르다는 것을 새삼 느낍니다.

새 시대에는 새로운 접근과 시각이 필요합니다. 게임은 이미 하나의 거대 산업이 되었고, 2022년 항저우 아시안게임 정식 종목으로도 채택된 만큼, 게임산업 육성과 인재 양성, 인프라 구축 등 시대에 걸맞은 노력을 해야 합니다.

부정적인 부분은 최소화하고 긍정적이고 미래지향적인 부분은 최대한 키워나가는 게 중요하겠지요.

그런 의미에서 광명 문화콘텐츠제작단지에 조성될 경기게임문화센터와 경기e스포츠트레이닝센터에 대한 기대가 참 큽니다.

게임 과몰입 상담, 진로 상담 등을 할 수 있는 게임문화센터와 e스포츠 인재들의 희망과 꿈을 키워주는 e스포츠트레이닝센터의 조합이 함께 시너지 효과를 내고, 나아가 게임산업의 메카로 발전하길 기원합니다.

　미래 산업의 흐름을 파악하고 기반을 닦아가시는 박승원 광명시장님께 감사드립니다. 사업이 차질 없이 진행될 수 있도록 경기도에서 관심 갖고 적극적으로 지원하도록 하겠습니다.

2021년 3월 8일

코로나 장발장은
지금도 감옥에

코로나로 무료급식소가 문을 닫고 일감도 못 구해 일주일 넘게 굶다 계란을 훔쳐먹은 죄로 징역 1년을 선고받은 '코로나 장발장'을 기억하십니까? 누구나 가리지 않고 최소한의 음식물을 그냥 제공하는 '경기그냥드림센터'를 만드는 계기가 된 분입니다.

배고픈 설움과 고통은 안 겪어본 사람은 상상조차 못 합니다. 거의 지워져 가던 배고픔의 기억이 되살아나고 처벌을 감수하고 먹거리를 훔치는 상황을 사실 차마 방치할 수 없어 '퍼주기'니 '포퓰리즘'이니 비난을 예상하면서도 '경기그냥드림코너'를 급하게 만들어 31개 전 시군에 확대해가는 중입니다.

며칠 전 이 사연을 취재 보도했던 JTBC 기자에게 연락이 왔습니다. 이달 말이 이분의 구속 만기인데 거처할 곳도 생계수단도 가족도 없어 추가 구속될 처지이니 대책을 찾아봐달라는 것이었습니다.

그 말을 듣고 혹시 이분에게 적용할 복지정책이 있는지를 찾아보게 했습니다. 기본적 자료를 수집한 결과 이분은 복지대상일 가능성이 커 면담과 조사를 거쳐 심사하면 최소생계는 물론 주거대책까지 가능하다는 것이었습니다. 이번 주초에 구치소에 면회를 가 사정을 청취하고, 본인이 동의하면 조사와 심사를 거쳐 복지대책을 시행할 것입니다. 심사에 30~60일이 걸리므로 결정 전 긴급생계 선급여도 검토하고, 노숙인생활시설에 일시 머물게 한 후 차상위계층 지원사업이나 일자리 지원 연계 등 다각적 통합적 지원방안을 강구할 것입니다.

그런데 제가 정작 말씀드리고자 하는 문제는 선별복지의 한계와 사각지대 문제입니다.

이분 정도의 사정이면 생계급여 등 각종 복지정책 대상이어서 훔치지 않아도 주민자치센터에만 가면 얼마든지 음식은 물론 최소생계가 보장되는데, 이분이 이 사실을 몰라 결국 징역 1년을 선고받는 범죄에 이르렀다는 것입니다.

우리 복지제도는 대체로 선별지원이어서 본인 스스로 '나는 가난하고 무능해서 보호받아야 합니다. 도와주세요'라며 신고한 후, 관청이 심사하여 가난과 무능이 증명되어야 지원합니다.

'일하지 않는 자는 먹지도 말라'는 신자유주의에서 가난하고 어려운 사람들은 가난을 호소하는데도 눈치를 봐야 하고, 복잡한 선별복지제도를 알기도 어려워 결국 사각지대에서 범죄나 극단적 선택의 나락으로 떨어지고 있습니다.

이 장발장이 바로, 국민의 최소 삶에 필요한 복지는 신청과 심사가 필요 없는 보편복지여야 하는 이유입니다.

일하지 않는 이런 분들에 지급되는 복지예산이 아깝습니까?

이분을 체포하고, 가두어 관리하고, 수사하고, 재판하는 비용은 얼마이며, 취재보도와 관심과 제2, 3의 코로나 장발장을 막기 위해 그냥드림센터를 운영하는 사회적 비용은 또 얼마일까를 생각해 봐 주시기 바랍니다.

정치의 목적지는 함께 잘 사는 대동세상이고, 정치의 과정은 억강부약이어야 합니다.

2021년 3월 14일

스마트팜을 보니
대한민국의 미래가 기대됩니다

깜짝 놀랐습니다. 평택에 있는 스마트팜 기업 '팜에이트'를 방문해 재배현황을 직접 확인해 보니 안정적으로 성장하고 있다는 생각이 들었습니다. 단순히 기존 농업을 대체하는 수준을 넘어 농업혁명의 단계로 올라섰다는 확신과 함께, 향후 경기도 농업기술연구에 꼭 포함시켜야 한다는 생각이 들었습니다.

먹거리 산업은 본질적으로 국가안보산업입니다. 식량의 해외 의존도를 낮추고 국내식량의 자립화를 이루는 것은 국민의 생존과 직결된 문제입니다. 스마트팜 기술에 대한 국가의 적극적인 지원이 필요하다는 사실은 말할 것도 없습니다.

시작은 작은 아이디어에서 출발할지라도 이를 연결하는 강한 힘은 커다란 혁신도 이룰 수 있습니다. 안정감 속에서 새로움도 싹트는 법입니다.

단지 예산을 투입하는 것이 정부의 역할일 수 없습니다. 다양한 가능성을 연결해 새로운 희망을 만들어내는 것은 급변하는 미래를 대비하며 지속가능한 경제의 원동력을 만드는 정부 본연의 임무이기도 합니다.

스마트팜에 대한 투자확대, 자동화 설비구축, 비대면 판로 개척 등을 위해 그간 우리 정부가 민간과 합작해 대규모의 스마트펀드를 조성하며 힘을 기울여 온 것도 그러한 노력의 일환일 것입니다.

경기도도 함께 하겠습니다. 스마트팜 ICT 시설 보급을 지원하고 도내 48개 농가를 대상으로 스마트팜 시범사업을 실시하고 있습니다. 내년에는 연구·기술 보급을 확대하는 지원사업을 대폭 늘려나가겠습니다.

농업은 사양산업이 아닌 국민 밥상을 책임지는 국가안보산업이자 미래전략산업입니다. 식량주권을 지키면서 4차산업시대의 일자리 창출까지 담당할 수 있도록 전방위적인 지원을 아끼지 않겠습니다.

2021년 3월 17일

탈원전은 가야할 길,
후쿠시마 오염수 방류 안 됩니다

에너지 자원이 부족한 우리나라는 싸고 효율 높은 원자력 의존도가 높아 국토 대비 원전 수 세계 1위, 원전밀집도 최고를 자랑합니다. 원전 인구밀도 역시 최상위로, 후쿠시마 원전 주변 인구가 17만 명인 데 비해 고리는 380만 명이나 됩니다.

2016년 경주, 2017년 포항의 진도 5이상 대규모 지진은 더이상 우리가 지진안전국이 아님을 보여주었고, 이로써 월성, 고리 등 인근 원전지역의 안전문제가 국가적 이슈로 제기되었습니다. 지역 주민들 역시 지금껏 불안한 마음으로 원전 상황을 애태우며 지켜보고 있습니다.

원전을 경제논리로만 따져 가동하는 일은 전기세 아끼자고 시한폭탄을 방치하는 것과 같습니다. 더이상 물질적 풍요를 누리겠다고 국민의 안전과 생명을 뒷전에 둘 순 없습니다. 우선순위가 바뀌면 언젠가 우리도 후쿠시마 같은 위기에 직면할 수 있기 때문입니다.

체르노빌에 이어 후쿠시마가 주는 교훈은 분명합니다. 안전이 보장되지 않는 노후원전은 폐쇄하고, 무리한 수명연장은 중지해야 한다는 것입니다. 대체 에너지로 단계적 전환을 해나가는 것만이 현재와 미래세대가 안전하게 공생할 수 있는 유일한 길입니다.

일본 정부는 여전히 후쿠시마 원전 방사능 오염수 방류 강행 방침을 고수하고 있습니다. 잘못된 원자력 정책과 동일본대지진 이후 비상식적인 수습의 결과로 자국 토양을 오염시키고 자국민 건강을 해친 것도 모자라, 이제는 주변국 국민의 생명과 해양 생태계의 안전까지 위협하기에 이르렀습니다.

일본 정부는 지금이라도 비이성적인 방류계획을 철회하고, 특정비밀보호법으로 제한한 정보를 투명하게 공개해야 합니다.

방사능 오염수는 바다를 공유한 주변국은 물론 영향을 받는 전 세계와 함께 풀어야 할 인류생존의 문제임을 명심하고 국제사회의 검증조사에 응할 것을 촉구합니다.

2020년 10월 26일

대학생 친구 한 명을 간절히 바랐던 청년 전태일 옆에, 감히 소년공 출신 정치인 이재명이 섭니다. 공정한 시장을 만들고 저성장의 벽을 넘어 국민 모두가 최소한의 경제적 기본

제4장

함께 가자 우리 이 길을

모두 기름밥 먹던 공장에서
배운 것들입니다

흔히 '기름밥 먹는다'고 합니다. 공장 노동자들끼리 스스로를 속되게 부르는 말이지만 저는 언제나 '기름밥 먹던 노동자 출신'임을 자랑스러워하는 편입니다. 고된 육체노동 끝에 찾아오는 충만함은 땀 흘려 일한 자들의 특권입니다.

오늘 옛집에 다녀온 전태일 열사도 그랬을 것입니다. 노동자로서 스스로 존엄하지 않았다면 그렇게 세상을 바꾸고자 동분서주하지 않으셨을 것입니다. 지켜지지 않는 근로기준법을 불태우며 스스로의 몸에도 불을 붙이셨지만, 당신께서 가졌던 노동자로서의 긍지는 대대로 계승되어 결코 재가 되지 못했습니다.

열사가 가신지 올해로 51년입니다. 강산이 다섯 번 바뀌었습니다. 저임금에 타이밍 먹어가며 일하던 공장 노동자의 삶은 이제 최저임금 남짓 받으며 장시간 노동하는 비정규직 노동자의 삶으

로 바뀌었습니다.

숨 막히는 더위의 물류창고에, 배달 오토바이가 질주하는 도로 위에, 출산과 육아로 일을 그만두는 마지막 출근길에, 그리고 종일 모니터 앞에서 씨름하는 사무실에, 청년 전태일들의 삶이 고스란히 남아 있습니다. 51년이 지난 지금도 전태일 정신을 기리고 계승하고자 애쓰는 이유입니다.

대학생 친구 한 명을 간절히 바랐던 청년 전태일 옆에, 감히 소년공 출신 정치인 이재명이 섭니다. 공정한 시장을 만들고 저성장의 벽을 넘어 국민 모두가 최소한의 경제적 기본권을 보장받는 사회. 말이 아닌 실천으로 증명할 일입니다.

언제나 이재명의 뿌리를 잊지 않겠습니다. 부조리한 세상에 대한 분노도, 일 마치고 돌아가는 길의 뿌듯함도, 고단함 속에 느꼈던 동료들과의 우정도 모두 40년 전 기름밥 먹던 공장에서 배운 것들입니다.

2021년 7월 30일

인간은 사라지고 노동만 존재하는
사회란 있을 수 없습니다

　경기도는 지난해 4년제 대학을 대상으로 실태조사를 벌여, 도
내 대학의 비정규직 규모가 62.5%에 달하고 저임금과 열악한 휴
게 여건으로 인한 어려움을 겪고 있다는 사실을 파악했습니다.

　이어 올해에는 2·3년제 대학을 대상으로 실태조사와 현장노
동자 휴게시설 개선사업도 진행 중입니다. 특히 비정규직 정규직
화를 희망하는 대학들을 대상으로 인사·노무 분야 컨설팅, 노사
협의와 교육 등 다양한 지원을 통해 대학의 자발적인 정규직화
를 유도하고 있습니다.

　이러한 가운데 11월 1일 루터대학 캠퍼스의 청소노동자 여섯
분이 정규직화의 소망을 이루게 되었습니다. 진심으로 축하드립
니다. 님들의 웃음이 봄날의 꽃처럼 교정에 활짝 피길 바랍니다.

　애써주신 권득칠 총장님을 비롯해 루터대학교 관계자 여러분

께도 깊이 감사드립니다.

11월 13일. 전태일 열사가 떠난 지 50년이 흘렀습니다. 그러나 아직도 특수고용직 노동자, 하청업체 노동자, 비정규직 노동자들이 차별과 불공정으로 자기 권리를 보호받지 못한 채 세상을 등지는 것이 현실입니다.

인간은 사라지고 노동만 존재하는 사회란 있을 수 없습니다.

인간다운 삶, 노동자가 존중받는 사회를 향해 우리 한 발씩만 앞으로 내딛읍시다. 열 사람의 한 걸음이 세상을 바꿉니다. 저 역시 할 수 있는 역할에 최선 다하겠습니다.

2020년 9월 29일

여러분에게
노동의 의미는 무엇입니까?

저는 소년 노동자였습니다. 초등학교를 졸업한 뒤 가난 때문에 중학교 대신 공장에서 일해야 했습니다. 독한 약품에 후각을 잃었고, 소음에 난청이 생겼습니다. 영문도 모른 채 구타당하는 건 일상이었고, 심지어 왼팔이 프레스 기계에 눌려 장애인이 됐지만, 산재처리는커녕 다친 팔을 붕대로 감고 한 손으로 일해야 했습니다.

그때나 지금이나 노동현장은 크게 바뀌지 않았습니다. 작년 비정규직 청년 노동자가 숨지는 안타까운 일이 있었습니다. 최근에는 임금체불에 항의하던 건설노동자가 크레인에서 농성을 벌이다 추락하는 사고가 벌어졌습니다. 경비노동자들과 택배노동자들은 숱한 갑질에 시달리고 있습니다.

노동자라는 사실이 차별받거나 천시를 당할 이유가 될 수 없습니다. 노동이 없고서 우리가 살고 있는 집이, 날마다 쓰는 휴대폰이, 그리고 자동차가 존재할 수 없습니다. 우리가 누리는 일상의 풍요로움은 누군가의 수고로움 덕분에 가능합니다.

우리는 모두 노동자이거나 노동자의 가족이거나 노동자의 이웃입니다. 그렇기 때문에 노동이 존중받는 세상을 만드는 것은 곧 자신을 위한 길이고, 가족과 이웃을 위한 길입니다.

제 꿈은 노동이 존중받는 세상을 만드는 것입니다. 그 꿈을 경기도에서 차근차근 펼쳐가고 있습니다. 환경미화노동자, 경비노동자들이 더 나은 환경에서 일할 수 있도록, 건설일용직노동자들이 임금체불을 당하지 않도록 제도를 정비하고 있습니다. 노동권익센터를 만들어 노동자들이 자신의 권리를 찾을 수 있도록 돕고 있습니다. 공공기관의 비정규직 노동자들도 정규직으로 전환하고 있습니다.

아직 갈 길이 멀다는 걸 잘 압니다. 그러나 천 리 길도 한 걸음부터라고 했고, 시작이 반이라고 했습니다. 오늘 내딛는 걸음이 노동존중 사회를 앞당길 거라는 믿음으로 뚜벅뚜벅 가겠습니다. 여러분께서도 응원해주시고 관심 가져주시길 당부드립니다.

2019년 5월 1일

계곡 불법시설 철거현장에 찾아가 상인분들을 만났습니다

자연은 특정 개인이나 인근 주민의 것이 아니라 우리 모두의 것입니다. 그러나 하천과 계곡을 점거하여 이른바 자릿세를 받는 불법 영업이 오랫동안 계속돼왔습니다. 경기도는 하천과 계곡을 도민 모두에게 돌려드리기 위해 예외 없이 강경하게 불법시설들을 단속 및 철거 중입니다.

옳지 못한 관행과 편법이 일시적으로는 이익이라고 느껴지겠지만, 크게, 길게, 멀리 보면 파이가 작아지기 때문에 손해입니다. 잠깐의 불편함과 손실을 감내하면 더 깨끗하고 질서 있는 계곡, 누구나 머물고 싶고 발길이 끊이지 않는 관광지로 변할 테고, 그러면 모두가 함께 더 커진 파이를 나눌 수 있습니다.

오늘 철거현장을 직접 눈으로 보니 실은 참 안타깝고 가슴 아픕니다. 정말로 큰 규칙 어기는 사람도 많은데 이 정도 규칙 어겼다고 단호하게 나오나⋯. 억울한 마음도 드실 겁니다. 공감합니다.

그렇지만 작은 잘못에 눈감다 보면 큰 잘못한 사람에게 목소리 높이기가 어렵게 됩니다. 힘이 세든 아니든, 많이 가졌든 아니든, 모두가 규칙을 잘 지킬 때 공정한 세상도 온다고 믿습니다.

갑작스럽게 영업을 접게 된 업주들을 위해서는 법이나 사회질서와 충돌하지 않는, 다른 합리적인 대안들을 고심하고 있습니다. 규칙과 질서가 지켜지는 공정한 세상으로 다 함께 나아갑시다.

2019년 8월 23일

이제 마음 편히 쉬다

가십시오^^

우리 사회 노동의 양상이 바뀌고 있습니다. 과거와는 달리 노동 장소와 시간이 불명확한 분들이 많지요.

그러다 보니 소위 이동노동자라 불리는 새로운 형태의 노동자들은 기존의 노동 법규나 정책에 소외되는 측면이 많습니다.

경기도가 가장 중요하게 추구하는 '노동 존중 사회'라는 큰 목표를 이루기 위해서는 새로운 노동 형태에 대한 새로운 대안들, 지원 정책들도 필요한 것이 분명합니다.

그동안 경기도는 이동노동자분들의 불편을 덜어드리고자 청사 내 무인택배함 설치나 쉼터를 만들어 운영해왔습니다. 여기에 더해 모든 이동노동자분이 잠시라도 편히 쉴 수 있는 쉼터를 마련하려 합니다.

오늘 광주에 '경기이동노동자쉼터'의 문을 열었습니다. 우리

신동헌 광주시장님께서 열심히 임해주셔서 가장 빨리 개소하게 되었지요. 진심으로 축하드립니다.

이제 광주를 시작으로 수원, 하남, 성남에도 '경기이동노동자 쉼터'의 문을 열 계획입니다. 첫 사업이니만큼 모범이 된다는 생각으로 잘 운영해주시면 좋겠습니다.

오늘 바쁘신 와중에도 소병훈 의원님, 임종성 의원님을 비롯해 많은 도의원님들, 시의원님들, 노동계 인사분들이 참석해주셨습니다. 앞으로도 노동이 존중받는 사회를 위해 많은 도움 주시리라 믿습니다.

형식은 다르지만 우리 모두가 '노동자'입니다. 국민의 대다수를 차지하는 노동자들이 더 좋은 환경에서 더 나은 미래를 그려 나갈 수 있도록 힘쓰겠습니다.

2020년 1월 20일

코리안드림을 꿈꾸었을
이주노동자의 안타까운 죽음

아름다운 꿈을 꾸며 한국에 왔다가 차가운 비닐하우스에서 생을 마감한 캄보디아 이주노동자 속헹 님의 명복을 빕니다.

머나먼 타국에서 사랑하는 가족이 숨졌다는 비보에 충격과 슬픔에 잠겼을 유족들에게도 깊은 위로의 마음을 전합니다.

경기도지사로서 이주노동자들의 권익에 소홀했다는 점을 인정하지 않을 수 없습니다.

부검결과는 건강악화 때문이라고 하지만 비닐하우스 숙소에서 제대로 된 진료 기회도, 몸을 회복할 공간도 없었기에 문제의 본질이 달라지는 것 아니라고 생각합니다. 사람은 모두 존귀한 존재입니다. 피부색과 언어가 다르다고 해서 차별받아야 될 하등의 이유가 없습니다.

비닐하우스뿐 아니라 농촌의 이주노동자 임시숙소에 대한 실

태조사부터 착수하겠습니다. 실태조사를 토대로 이주노동자들이
안정된 환경에서 지낼 수 있도록 대책을 마련해보겠습니다.

2020년 12월 24일

문화예술인의 **땀과 노력**이
정당한 대가를 받을 수 있도록 하겠습니다

초과 및 야근 수당 미지급, 단기 계약, 열정페이…. 문화예술계에 만연한 불공정 관행이지요. 화려하고 멋있어 보이는 문화예술인들이지만 사실상 그들의 노동환경은 매우 열악합니다.

경기도는 노동 사각지대에 놓인 문화예술인들의 노동권을 보장하고 안전망을 구축하기 위해 도 및 산하 공공기관과의 행사 계약 시 '공정경쟁협약'을 체결합니다.

협약에는 표준계약서 사용, 최저임금보장은 물론 부당업무 지시 불가, 하도급 공정경쟁협약 체결 등이 포함됩니다. 또한, 임금을 받지 못할 경우 노동자가 공공기관에 직접 임금을 청구할 수 있는 조항도 있습니다.

사업 종료 후에는 회계 및 노무감사를 실시해 협약사항이 이행됐는지 확인해야 합니다. 이행하지 않았을 경우 고용노동부에 고발 조치합니다.

먼저, 올해 하반기에 개최할 경기인디뮤직페스티벌에 '공정경쟁협약'을 시범적용하고, 보완과정을 거쳐 표준안을 만들 예정입니다.

경기도에서만큼은 정당한 대가를 받지 못하는 불공정 관행 반드시 뿌리 뽑겠습니다. 최근 코로나19로 타격을 입고 있는 우리 문화예술인들에게 조금이나마 힘이 되는 소식이었으면 좋겠습니다.

2020년 4월 26일

청년면접수당,
드디어 합니다

책도 사 보고 옷도 사 입고 시간 쓰고 차비 들여 다녀오는 면접…. 한두 번이면 모르겠지만 요즘처럼 취업난이 심각한 국면에서는 반복되는 면접에 상당한 부담이 따릅니다.

사실 면접이란 구직자가 좋은 직장을 찾는 과정임과 동시에 기업이 좋은 인력을 찾는 과정입니다. 분명히 기업도 자기의 필요를 충족시키기 위해 하는 일인데 면접에 들이는 투자와 노력, 기회비용 지불은 지원자 개인의 몫으로만 여겨져 온 측면이 있습니다.

그래서 선보이게 된 것이 '경기도 청년면접수당'입니다. 경기도의 미취업 청년 구직자가 면접에 다녀온 경우, 경기도가 면접 1회당 3만5천 원의 지역화폐를 지원합니다. 올해 1월 1일 이후 면접부터 소급 적용되며, 합격 여부나 취업 여부와는 무관하게

'면접'이라는 행위 자체에 지급하는 수당입니다.

오래전부터 구상하고 2년 전에 공약한 정책인데 여러 부침이 있어 마음처럼 속도를 낼 수가 없었습니다. 그전에 면접 다니느라 고생한 청년분들께는 미안합니다. 대신 최대한 사각지대를 없애려 고심하여 기준은 낮추고 대상은 늘렸습니다.

여기에 더해 면접수당을 지급하는 경기도 기업에 각종 인센티브를 부여하는 정책도 곧 시행할 계획입니다. 면접수당 지급 정착에 기여하길 기대합니다.

아무리 취업 경쟁이 치열하더라도, 선택받지 못하는 상황이 연거푸 반복되더라도 여러분 한 사람 한 사람의 시간과 자원은 정말로 소중하다는 걸 잊지 마십시오. 그리고 경기도가 늘 청년 여러분 뒤에서 응원하고 있다는 것도 잊지 말아 주십시오.

2020년 6월 1일

디지털 성범죄,
막지 못하면 모두가 공범입니다

얼마 전 텔레그램 N번방 사건으로 세상이 들썩였습니다. 모두가 경악했습니다.

하지만 이것이 처음 벌어진 일은 아닙니다. 그동안 숱한 디지털 성범죄가 있었지만 크게 공론화되지 못했을 뿐입니다.

디지털 성범죄는 특성상 걷잡을 수 없이 퍼지기 때문에 추적과 삭제에 많은 어려움이 있습니다. 또한, 미성년자를 대상으로 한 악의적 범죄가 증가하고 가해자 연령 또한 낮아지고 있어 대책 마련이 시급합니다.

누군가에겐 한낱 흥밋거리에 불과할지라도 피해자들에겐 인생과도 맞바꿀 끔찍한 악몽입니다.

가해자의 처벌 못지않게 중요한 것은 피해자를 지원하는 방안입니다. 안타깝게도 우리 사회의 현실은 피해자의 고립을 방관하

고, 그러다 보니 피해자 홀로 모든 것을 감내해야 하는 상황입니다.

피해자의 잘못이 아니라는 점을 명확히 하고, 더 이상의 피해를 막기 위해 할 수 있는 모든 노력을 다해야 합니다.

경기도가 범죄심리학자 이수정 교수님을 필두로 도의회, 교육청, 경찰청, 학계, 연구원 등 전문가와 함께 '디지털 성범죄 대응 추진단' 활동을 시작합니다.

디지털 성범죄 대응, 피해자 보호 민관협력 방안, 디지털 환경 감시 관련한 현실성 있는 정책을 수립할 예정입니다.

텔레그램 N번방과 같은 잔인하고 끔찍한 사건은 없어져야 합니다. 경기도에서만큼은 비겁하게 익명 공간에 숨어 타인을 수단으로 취급하며 농락하는 일 절대 없도록 하겠습니다.

2020년 6월 30일

더디지만
함께 바꿔나가야 할 일들입니다

2016년 5월 강남역 10번 출구. 아무런 이유 없이 무차별하게 공격당한 한 여성이 화장실에서 잔인하게 숨졌습니다. 이후, 그곳에는 "피해자는 나일 수도 있었다", "나는 우연히 살아남았다"는 울분이 가득 찬 메모 행렬로 온통 노랗게 뒤덮였습니다. 결코 잊을 수 없는 장면입니다.

아직도 사회 곳곳에서 폭력에 노출된 여성들의 이야기가 뉴스를 뒤덮습니다. 최근 부산의 한 지하상가에서 남녀가 서로 다투다 결국 남성이 여성을 일방적으로 폭행하는 동영상이 논란이 됐습니다. 텔레그램 N번방 사건은 디지털 공간에서 여성들을 대상으로 하는 악질적인 성폭력 범죄를 단편적으로 보여주기도 했습니다.

누군가는 '요즘이 어떤 시댄데, 세상 달라졌다' 말할지도 모르겠습니다. 그러나 당사자로 살아보지 않고서 결코 헤아릴 수 없는 묵직한 무게가 있다는 것을 잘 압니다.

여성을 대상으로 하는 폭력과 범죄는 갈수록 교묘하고 다양해지고 있기에, 공동체인 우리 사회가 여성들도 구성원으로서 안심하고 당당하게 살아갈 수 있도록 안전망을 구축하는 한편, 사회적 인식을 높이는 것만이 해결책일 것입니다.

지난해 여성폭력방지와 피해자 보호지원을 국가와 지방자치단체 책임으로 규정한 '여성폭력방지기본법'이 시행되고, 부족하지만 경기도가 도내 1천 개소 여성안심화장실 마련을 추진하는가 하면, 디지털성범죄 피해자를 위해 성착취물 삭제지원, 자원연계 등 종합적 지원 체계를 구축한 것 역시 그러한 노력의 일환입니다.

11월 25일 세계 여성폭력 추방의 날을 맞아, 피해를 입은, 혹은 피해를 입을까 두려워하는 수많은 여성의 목소리를 기억하며, 고통과 두려움 없는 안전하고 평화로운 사회, 누구나 차별 없는 공정한 세상을 향해 더욱 단단히 내딛겠다 다짐해 봅니다.

아울러 주요 법안들에 밀려 주목받지 못하고 있는 데이트폭력 방지법, 스토킹범죄처벌법 등 일상적인 폭력에 대응할 수 있는 법안 마련에도 국회가 적극적으로 나서주길 기대합니다. 더디지만 함께 바꿔나가야 하는 일들입니다.

2020년 11월 25일

바다가 죽으면
인간도 살 수 없습니다

지구 표면의 70%를 차지하는 바다는 모든 생명의 근원이자 자연의 보고입니다. 그러나 수만 년이 지나도 썩지 않는 폐어구 폐어망 방치, 플라스틱 쓰레기 투기, 폐수 방류 등으로 바다를 더럽히는 일이 비일비재했습니다.

바다가 워낙 광활하니 어딘가로 떠내려가다 사라질 거라고 만용을 부리는 것입니다. 실상은 보이지 않는 곳에 고스란히 쌓여 해양생태계를 파괴하고 결국 그 피해는 우리에게 되돌아옵니다.

해안가에 돌고래가 떼죽음을 당하거나 환경 호르몬 피해가 발생하는 등 당장의 문제도 심각하지만, 다음 세대에 온전한 바다를 물려줘야 할 책임 또한 외면해서는 안 됩니다.

경기도에도 바다가 있습니다. 화성과 안산, 시흥에 면해있지요. 2년 전 국정감사에서 이진복 전 한국당 의원님께서 청소선을 제

안해 주셔서 제가 그 자리에서 추진하겠다고 말씀드렸습니다.

당시 몰두했던 계곡정비 사업과 더불어 경기도의 자연환경개선에 꼭 필요한 사업이라고 생각했기 때문입니다. 정책에는 저작권이 없지요. 도민 삶을 위하는 일에 여야가 따로 없고 내 편 네 편도 있을 수 없습니다.

덕분에 오늘 '경기청정호'가 탄생했습니다. 최대속도 12노트, 100톤의 폐기물을 적재할 수 있는 규모의 청소선이 이제 경기도 바다를 청소합니다. 힘겨운 시국에 모처럼 기쁜 일이 아닐 수 없습니다.

취항식에 참석해주신 이진복 전 국회의원님, 서철모 화성시장님, 윤화섭 안산시장님 고맙습니다. 장현국, 김인영, 오진택, 원미정, 안광률, 김종배 도의원님들께서도 함께 자리를 빛내주셨습니다.

박상룡 이사님, 유희철 부사장님, 정승만, 장천수 조합장님, 한경배, 진수훈 어촌계장님께도 감사 인사드립니다.

청소선 건조 기여로 표창받으신 정용림 이사님, 김명진 부장님 축하드립니다. 박경희 선장님, 청소선 운항을 잘 부탁드립니다^^

2020년 12월 22일

'추억의 교외선'이
균형발전의 견인차로

균형발전은 대한민국에선 '지연된 정의'의 회복이며, 동시에 경제를 지속적으로 성장하게 하고 다 같이 누리기 위해 필요불가결한 조건입니다.

경기도 역시 마찬가지입니다. 남북과 동서 간 균형발전을 추구하면서, 특히 국가안보와 상수원 보호 등의 이유로 특별한 희생을 치러온 경기북동부에 그에 상응하는 특별한 보상, 말하자면 적극적 우대조치(affirmative action)가 이뤄져야 합니다.

억울한 사람도 없고 억울한 지역도 없는 공정한 세상으로 경기도가 두 발 나아가면, 공정한 대한민국도 한 발 가까워질 수 있습니다.

오늘 고양시, 양주시, 의정부시를 연결하는 교외선 부활을 위한 업무협약은 경기북부 발전에 필요한 토대가 될 것입니다.

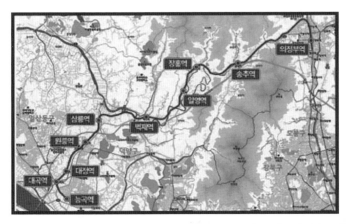

경기도 내 순환철도망을 완성시키는 이 노선이 '추억의 교외선'을 넘어서 경기북부 발전을 견인하는 교통기반시설로 확고히 자리 잡으리라 생각합니다.

각 지역 간의 이해관계 조정이 쉽지 않음에도 함께 해주신 이재준 고양시장님, 안병용 의정부시장님, 조학수 양주부시장님께 감사드립니다.

아울러 지금까지도 큰 역할을 해주시고 앞으로 어깨가 더 무거워지신 정성호 의원님께 감사와 응원의 말씀을 드립니다

2020년 12월 29일

국회와 국민,
대의왜곡은 배임행위입니다

대의민주주의 체제에서 국민은 나라의 주인이자 모든 권력의 원천입니다. 선출직이나 임명직을 가릴 것 없이 모든 공직자는 주권자인 국민의 공복으로서 국민의 의사에 반해서는 안 되며 국민의 주권의지를 정치와 행정에 실현할 의무가 있습니다.

극히 일부 의료인에 관련된 것이겠지만 수술과정에서의 대리수술, 불법수술 등 불법행위를 사전예방하고 환자의 인권을 보호하며 문제 발생시 진상규명을 위해 수술실에 CCTV를 설치하여야 한다는 것에 대해 압도적 다수의 국민이 찬성합니다.

경기도가 경기도의료원 산하 6개 병원에 수술실 CCTV를 설치 운영 중이지만 아무 문제가 없고, 일부 민간병원들도 자율적으로 수술실 CCTV를 설치하고 있으며 이 중 일부 병원은 환자유치를 위해 CCTV 설치 사실을 홍보하고 있기도 합니다.

이상적 형태인 직접민주제에 따라 국민 모두가 직접 결정한다면 수술실 CCTV는 곧바로 채택되어 시행되었을 것입니다. 그런데 국민으로부터 권한을 위임받은 선출직 공무원(국회)이나 임명직 공무원(복지부 등)들이 국민의 뜻에 어긋나도록 수술실 CCTV 설치를 외면하는 것은 위임의 취지에 반하며 주권의지를 배신하는 배임행위입니다.

다수결 원칙이 지배하는 국회에서는 책임소재가 불분명하기 때문에 국민의 뜻에 어긋나는 로비나 압박이 작동하기 쉽습니다. 그럼에도 불구하고 이번 국회에서 수술실 CCTV 의무화가 사실상 무산의 길로 들어섰다는 것은 매우 안타깝고 실망스럽습니다.

1380만 경기도민을 대표하여 경기도민의 안전을 위해 국회의 적극적이고 전향적인 노력을 촉구합니다.

한편으로 경기도가 시행해서 아무 문제가 없는 것처럼, 중앙정부나 지방정부 그리고 공공기관 산하 병원에 수술실 CCTV 설치는 국회의 입법조치 없이 관할 책임자의 결단만으로도 얼마든지 가능합니다.

국민의 한 사람으로서 공공병원 책임기관에 국회 입법과 무관히 가능한 공공병원 수술실 CCTV를 곧바로 설치 시행할 것을 요청드립니다.

2021년 2월 20일

배곯는 설움이
가장 큽니다

제 어린 시절 기억은 유난히 배고픔과 관련이 많습니다.

도시락 싼 책보자기를 둘러메고 걷고 뛰던 10리 산길. 굳어버린 꽁보리밥에 콩자반 반찬이 전부인 도시락은 점심시간 전에 반 이상 비어 점심나절부터 저녁 무렵까지 하굣길은 따가운 햇볕 이상으로 배고픔이 더 힘든 길이었습니다.

원조품인 우윳가루와 건빵은 최고의 간식이었고, 건빵을 20개씩 일일이 세 나눠주는 줄반장은 최고의 권력자였습니다. 귀가할 때는 한겨울을 빼면 언제나 산과 개천을 뒤졌습니다. 봄에는 동산에서 진달래를 따 먹고 개천가 찔레 순을 한 아름씩 꺾어 집으로 가져가며 먹었습니다. 누나가 한약재로 팔 인동꽃을 따러 나가면 꽃이 가득한 바구니 속에 묻혀 꽃향기 가득해진 산딸기를 누나보다 더 기다렸습니다.

한여름 학교 가는 길에 징거미를 잡아 바윗돌 위에 널어놓으면 돌아오는 오후엔 빨갛게 익어 있었습니다. 남들이 무서워 잘 안 가는 옛 공동묘지는 튼실하고 굵은 더덕이 많은 나만의 농장이었고, 남이 딸세라 다 익기도 전에 딴 개복숭아는 삶으면 시고 쓴 맛이 줄어 그럭저럭 먹을 만했습니다.

모깃불로 자욱해진 연기 속에 풀벌레 소리 요란하던 한여름 밤에는 복숭아 서리 나간 동네 형님들을 기다리는 즐거움이 있었고, 모닥불에 밀을 그슬려 입가가 검게 되도록 밀서리를 하고 반쯤 여문 콩은 좋은 콩서리감이었습니다. 길가로 뻗어 나온 가지의 감을 따다 주인어른 고함 소리에 혼백이 빠져 도망을 치고, 복숭아 서리범으로 오해받아 책보자기를 빼앗기고 엉엉 울었던 기억도 있습니다. 동물이 차가워져 고기를 잡으러 물속에 들어가는 것이 꺼려지는 가을이면 구절골로 텃골로 머루와 다래 산밤 으름을 찾아 헤맸습니다. 추수가 끝난 밭을 손바닥으로 뒤지면 땅콩이 나왔고, 빈 고구마밭을 괭이로 다시 뒤지면 고구마가 나왔습니다. 괭이에 찍혀 동강 나버린 고구마가 안타까웠습니다. 한겨울에는 어른들이 무 내기 화투를 치는 옆에 기다리다 지는 쪽이 무광에서 꺼내 온 차가운 무를 깎아 함께 얻어먹는 낙도 있었고, 얼음을 깨고 개구리와 고기를 잡아 매운탕을 끓여 먹는 것도 색다른 맛이었습니다. 화전민이 살다 떠난 소갯집 안방에 누워 막걸리를 파시던 어머니가 동네 손님에게 내놓는 라면 안주를

한 가닥씩 얻어먹는 맛도 쏠쏠했습니다.

초등학교를 마치고 성남으로 이사와 소년노동자로 일하면서는 길에서 파는 핫도그와 호떡이 먹고 싶었고, 김이 펄펄 나는 통속에 든 호빵도 먹고 싶었지만 언제나 돈이 없었습니다. 공장 바닥에서 먹는 식은 보리밥과 굳어버린 오뎅 반찬은 목 넘김이 힘들었고, 배식을 받던 새 공장에서는 맛있는 생선을 달랑 한 개만 집어주는 배식 아주머니가 야속했고 건더기가 없는 멀건 국물이 야속했습니다. 1978년 봄 오리엔트 공장에 다니며 처음으로 동료들과 남이섬으로 야유회를 가던 날 처음으로 돼지고기를 실컷 먹어 봤습니다. 제 어린 시절은 이렇게 먹는 것에 대한 기억이 많습니다.

누구에게도 마찬가지지만 사는 동안 먹은 것만큼 중요한 것이 없고, 먹을 것이 부족할 때 설움이 크고, 자식에게 먹을 걸 제때 제대로 못 먹이는 부모 마음이 가장 아픕니다. 성남시정을 할 때도 경기도정을 함에 있어서도 모두가 먹는 것만큼은 서럽지 않게 하려고 애썼습니다.

자기 배가 고파서 가족을 못 먹여서 죽고 훔치고 눈치 보고 서러워하지 않도록 만든 것이 '경기도 먹거리 그냥드림센터'입니다. 심사하지 않는 데 따른 부작용이 아무리 크더라도 먹는 문제로 인간 존엄이 훼손되지 않게 하는 것이 더 중요하지 않겠습니까?

경기도는 청소년 75,664명에게 형편에 따라 조식, 중식, 석식을 구매할 수 있도록 863억원을 들여 급식카드를 지원중입니다. 그런데 대다수가 편의점에서 삼각김밥이나 컵라면으로 때운다는 말을 듣고 이들이 당당하게 낙인감 없이 배부르게 먹도록 세심하게 고쳤습니다.

먼저, 지원급식비가 1식 4천5백원으로 너무 작아 6천원으로 올렸고 다시 7,000원으로 올리는 절차를 진행중입니다. 8,000원이던 1회 사용한도도 12,000원으로 올려 지원금을 모아 먹고 싶은 것을 골라 먹을 수 있게 했습니다.

도내 카드사용처가 11,500개소에 불과하고 대부분 편의점(8,000개소)이던 것을 비씨카드 가맹점 어디서나(15만 4,000여 곳) 쓸 수 있게 했습니다.

기존 카드가 급식지원용임을 드러내는 독특한 양식이라 '낙인감'이 생길 수 있으므로 일반체크카드와 같은 디자인으로 전면교체해 구분이 안 되게 했습니다.

컴퓨터에서만 잔액조회가 가능하던 것을 모바일앱을 만들어 언제든지 잔액조회가 가능하게 함으로써 잔액이 얼마나 있는지 신경 쓰이지 않도록 했습니다.

저의 대다수 새 정책은 저의 경험에서 나옴을 부인하지 않겠습니다. 명색이 OECD 가입국에 세계 10대 경제대국인 대한민국에서 사랑스런 청소년들이 먹는 문제로 서러움 겪지 않았으면 좋겠습니다.

`

2021년 2월 28일

113번째 여성의 날을
축하합니다

가장 고통받는 사람들의 외침이 모두의 상식이 될 때 세상은 변합니다. 113년 전, "빵과 장미를 달라"고 외치며 거리로 쏟아져나왔던 여성 노동자들의 요구가 그랬습니다. 10시간 노동, 임금인상, 참정권 보장. 지금 보면 너무도 소박한 요구입니다.

하지만 밀폐된 공장에서 하루 14시간씩 일해야 했던 이들에게는 절박한 요구였습니다. 차별 없이 동등한 인간으로 취급해달라는 존엄의 절규였습니다.

여전히 여성들이 겪는 어려움은 존재합니다. 경력단절과 타임푸어, 일상에서 겪는 문화적 정서적 차별도 많습니다. 코로나로 인한 고용 한파는 서비스업, 비정규직 종사 비율이 높은 여성에게 더 혹독하기도 합니다.

오늘 3.8 여성의 날을 맞아 그 누구도 억압받지 않고 당당하게 살아갈 수 있는 세상을 다짐합니다.

　착취와 차별 없는 공정한 세상에 가까워질수록 여성의 삶은 더욱 자유롭고 평등해질 것입니다. 저임금 불안정 노동자들의 노동 환경이 개선될수록 여성 노동자들의 삶이 나아질 것이며, 엄마 아빠 모두가 선뜻 육아휴직을 쓸 수 있고 장시간 노동에서 해방될수록 일상의 고단함은 한결 덜어질 것입니다.

　여성이라는 이유로 차별받지 않고 존엄할 수 있는 사회가 보편의 상식이 되도록, 성별에 의한 불이익이 언젠가 뉴스조차 되지 않도록 최선 다하겠습니다.

2021년 3월 8일

고시원에도 최소한의 기준이 필요합니다
경기도는 합니다

제가 고시 공부할 때만 해도 고시원에 살았던 시절을 낭만으로 이야기하기도 했습니다. 오늘보다 나은 내일을 위해 잠시 지냈던 곳으로 말이지요.

안타깝게도 더이상 고시원은 그런 곳이 아닙니다. 가장 저렴한 돈으로 몸 누일 곳 찾는 저소득 서민들의 마지막 정착지입니다. 코로나19 위기 앞에서는 '방역 사각지대'이자 대표적인 기후취약계층 거주지입니다.

이제 고시원에도 최소한의 기준이 필요합니다.

경기도가 채광, 환기, 복도너비, 조명, 소음, 방범 등 10개 부문의 최소 기준을 법으로 규정토록 검토하고 있는 이유입니다. 정책적 유도를 통해 낙후된 고시원 시설을 단계적으로 개선하고, 폐업 고시원을 공공매입하여 공공주택으로 활용하는 방안도 검토중입니다.

도는 2018년부터 스프링클러 없는 노후 고시원들을 긴급 점검하고 도내 모든 고시원에 단독경보형 감지기 설치를 지원한 바 있습니다. 이후 시군과 협의하여 최소 기준 검토안을 마련하고 경기연구원 정책 브리프를 통해 현황을 계속 추적하고 있습니다. 이제 한발 더 나아갈 때입니다.

집의 크기가 기본권에 비례할 순 없지요. 잊을만하면 나오는 고시원 화재 참사 뉴스에 더이상 안타까워만 할 수 없습니다. 우리 헌법 제34조는 "모든 국민은 인간다운 생활을 할 권리를 가진다"고 말합니다. 헌법대로만 하겠습니다. 수많은 벼랑 끝 서민의 당장의 삶을 살리겠습니다.

2021년 3월 19일

반려동물 매매 문화
어떻게 개선할까요

　반려동물 인구가 급속도로 증가해 이제 우리나라 네 가구 중한 가구는 반려동물을 키운다고 합니다. 그에 비해 제도적 장치가 미비하고 생명 존중의 문화가 충분히 성숙하지 못해 유기되는 동물 또한 증가하고 있습니다.

　경기도는 동물보호과를 신설하고 유기동물센터 건립과 확대, 지원 등 시대의 요구에 따라 동물행정 영역을 개척하기 위해 많은 노력을 기울여왔습니다.

　그러나 전에 없던 새로운 방안을 마련하는 일에는 시간이 걸릴 수밖에 없습니다. 세금 집행의 절차를 투명하게 지켜야 하기 때문이며, 무엇보다 우선순위를 정하는 기준에는 사회적 공감대와 합의가 뒤따라야 하기 때문입니다.

　대화와 소통의 과정을 생략하고 근본적인 개선이란 있을 수 없습니다. 오늘 다소 불편할 수도 있는 '반려동물 매매 관련 개선 간담회'를 마련하고 입장이 서로 다른 관계자분들을 모신 것도 그러한 이유에서입니다.

전진경 카라 대표님과 조희경 동물자유연대 대표님, 서국화 동물권연구변호사단체 대표님께서는 폐쇄적인 동물경매 현장과 불법판매 현황을 비판하며 하루빨리 시정이 필요하다고 호소해주셨습니다. 제 개인 SNS 계정 민원으로도 자주 접해서 알고 있던 사실이기도 했습니다.

그러나 관련 업종에 종사하거나 대변하는 분들 또한 나름의 사정이 있습니다. 이경구 반려동물협회 사무국장님, 강진기 한국반려동물생산자협회 회장님께서는 급속도로 변화한 반려동물 문화와 이와 괴리된 업계의 풍토를 감안해 단계별 접근이 필요하다는 의견을 주셨습니다. 개인의 인격과 가치관에 대한 비난은 자제해달라는 요청도 해주셨습니다.

우연철 대한수의사회 사무총장님은 중장기적인 매매금지 플랜을 바탕으로 실현 가능한 예시를 들어주셨는데 주인의 자격을 심사하는 면허권은 저도 관심이 가더군요. 실시간 시청하시는 분들께도 의견을 여쭈니 많은 분이 긍정적인 반응을 보여주셨습니다.

결국은 배금주의, 물질만능주의에서 벗어나 생명 존중의 윤리의식을 회복하는 것이야말로 앞으로 나아가야 할 방향입니다. 이 점에 있어서는 오늘 참석해주신 어떤 분들도 이견이 없었습니다. 동물을 사랑하는 여러분의 고운 마음씨를 어떻게 행정적으로 뒷받침할 수 있을지, 끊임없는 대화와 소통의 과정을 통해 부단히 모색하겠습니다.

2021년 3월 22일

청년들은 민주화, 산업화 이분법을
거부할 뿐입니다

정치권에서 청년 민심에 대한 설왕설래가 많습니다. 때로는 '보수화' 되었다고 비난받고, 때로는 '진보의 감성팔이에 취해 있다'고 격하당하는 청년들입니다. 그러다 선거 때가 되면 느닷없이 '합리적이고 똑똑한 이들'이라고 치켜세워집니다.

청년 민심을 바라보는 저의 시각은 간명합니다. 띄엄띄엄 보지 않는 것입니다. 모든 국민이 그렇듯 청년들 역시 각자의 판단에 따라 합리적으로 사고하는 주권자입니다.

최근 여론조사와 지난 몇 년간의 여론조사의 양상이 다르다며 갖가지 해석이 나오지만, 저는 지금 이 순간에도 청년들이 특정 진영에 속해있다고 생각하지 않습니다. 단지 그때그때 민심의 흐름 안에서 기민하게 반응할 뿐입니다.

오늘날의 청년은 민주화와 산업화라는 이분법을 거부합니다.

민주화 세력이 피 흘려 이룩한 민주주의를 긍정하면서도 산업화 세력이 땀 흘려 쌓아온 경제성장의 공 또한 인정합니다. 독재와 기득권을 옹호하는 주장을 단호히 거부하지만 그렇다고 민주화 세력의 모든 것을 절대 선으로 간주하지도 않습니다.

이따금 이런 청년들을 두고 '선택적 분노'를 보인다며 나무라는 분들도 있으시지요. 부디 그러지 않으셨으면 좋겠습니다. 소위 '선택적 분노'라고 불리는 현상은 역으로 양 진영에 대한 청년들의 기대치가 다르다는 뜻이기도 합니다. 불과 4년 전, 무능하고 부패한 박근혜 정부를 송두리째 무너뜨린 촛불의 선두에 우리 청년들이 있었습니다.

이들을 설득할 방법은 오직 언행일치의 자세로 실력과 성과로 증명하는 길밖에 없습니다. 존중하고 경청하는 것은 최소한의 출발에 불과합니다. 불공정을 바로잡고 양극화를 해소하여 지속가능한 성장이 가능하도록 할 때 비로소 책임 있는 정치세력으로서 청년들 앞에 설 수 있을 것입니다.

저는 우리 청년들도 여타 세대와 마찬가지로 간절하게 열망하고 있다고 믿습니다. 민주화와 산업화의 이분법을 넘어, '내 삶'을 바꾸는, 오늘보다 나은 내일을 꿈꿀 수 있는 변화의 정치를 말입니다.

2021년 3월 30일

어린이날을 축하하며.
네모인지 세모인지 넘겨짚지 않을게요

우리나라에 3대 해결사가 있다고 하지요. 소상공인의 어려움에 공감하고 직접 나서 문제를 해결하는 백종원 선생님, '개통령'이라 불리며 강아지는 물론이거니와 인간에 대한 깊은 이해까지 보여주시는 강형욱 선생님, 그리고 아이들의 모습을 면밀히 관찰하고 사려 깊은 개선점을 알려주시는 오은영 선생님까지.

최근 티비를 보다가 한 5살 남자아이에 대한 오은영 박사님의 해법에 얼마나 감탄했는지요. 연년생 여동생이나 친구들과 자주 다투고 이따금 공격적인 성향까지 드러내는 아이에 관한 방송이었습니다. 전통적인 방식으로는 따끔한 훈육이 정답이었을지 모릅니다.

그런데 오 선생님은 아이를 면밀히 관찰하더니 아이의 발음이 다소 부정확한 것을 발견하고 스스로의 의사를 명확히 표현하는 데에 조금 어려움을 느낀다는 점을 잡아내셨습니다. 조언대로 발음 교정을 돕고 자기표현을 북돋우는 교육을 진행하니 아이는 한결 편안하게 자기 생각을 이야기하고 공격적인 모습이 줄어들었습니다.

잠시 엄격한 교육을 상상했던 스스로가 얼마나 머쓱하던지, 두 아들의 아빠로 살아오며 제 교육은 어땠나 돌아보는 순간이었습니다. 섣불리 넘겨짚고 성급하게 다그친 적은 없었는지, 제 기준에 맞는 논리적인 답을 기대하며 질문을 던져왔던 것은 아닌지. 늘 느끼지만 좋은 부모가 된다는 게 참 어렵습니다.

어린이날을 맞아 어떤 휘황찬란한 정책 약속보다 어린이들의 마음을 함부로 넘겨짚지 않겠다는 다짐부터 드리고 싶었습니다. 여러분의 마음이 동그라미인지 네모인지 세모인지 더 면밀하게 끈기 있게 살펴볼게요. 코로나로 학교에 잘 가지 못하고 유튜브로 세상을 접하는 여러분의 일상과 정서는 어떨지, 열심히 역지사지 상상도 해보고 직접 듣기도 하겠습니다.

사실 정치도 이와 조금도 다르지 않습니다. 선거 결과와 여론 조사 상으로 드러나는 민심의 이면과 배후를 성실하게 살피는 것이 좋은 정치의 출발이겠지요. 다채로운 방식으로 나타나는 주권자의 목소리를 있는 그대로 존중하고 그 속내를 이해하려고 애쓰는 것이 대리인의 기본자세일 것입니다. 하물며 아이들의 마음도 바다와 같은데 민심은 어떻겠습니까. 99번째 어린이날을

축하하며 어린이의 마음도 어른의 마음도 부단히 살피겠다는 다
짐을 올립니다.

2021년 5월 5일

죽음의 불평등,
도처에서 사람이 죽습니다

꼭 직접 찾아뵙고 싶었습니다. 고독사, 자살 등으로 외롭게 세상을 떠나 누구도 장례를 치러드리지 못한 '무연고 사망자'들께 합동 추모제 지내드렸습니다.

생면부지의 동료 시민들이지만 남의 일 같지 않습니다. 살아서도 돌아가셔서도 누구도 찾지 않는 분들. 우리 사회 불평등의 가장 밑바닥, 참혹한 현주소를 증명하는 분들입니다.

세계 10위 경제대국, 산업화와 민주화를 동시에 이룬 나라에서 지난해에만 3천 명 가까운 국민께서 '무연고 사망자'라는 이름으로 세상을 떠났습니다. 4년 사이 60% 늘어난 숫자입니다.

도처에서 사람이 죽습니다. 소리 없이 죽습니다. 외롭게 죽습니다. 빚 때문에 죽고, 먹을 것 없어 죽고, 일하다 죽습니다. 가끔은 세상을 원망합니다. 가난이 밉고, 냉대와 매정함이 아프고, 이 현실을 당장 고치지 못해 서럽습니다.

사실 서민의 삶은 코로나19 이전에도 힘겹고 고단했습니다. 여기에 코로나의 파도까지 덮쳤습니다. 낭떠러지 끝 반 뼘 남짓한 공간에 까치발 들고 겨우 버티고 계십니다. 이대로 두면 경제적 불평등을 넘어 죽음의 불평등도 심화될 것입니다.

오늘 모신 백 분의 무연고 사망자분들을 비롯하여 외롭게 세상을 떠난 이 땅의 모든 영령의 안식과 명복을 빕니다. 당장 외롭지 않게 떠나시도록 올해부터 도가 장례비를 지원하고 유서 및 법률 지원도 합니다. 외롭게 죽지 않는 세상, 먹고사는 문제로 서럽고 억울하지 않은 세상 반드시 만들겠다는 다짐을 올립니다.

2021년 5월 24일

도민 품으로 돌아온 경기도 청정계곡,
자부심으로 함께 지켜나가길

오늘 '청정계곡 생활 SOC 준공식' 행사차 가평천을 찾았습니다. 올해도 어김없이 풀꽃들은 피어나고 계곡물은 온통 신록에 젖었습니다. 저도 금세 마음이 초록으로 물들어버렸습니다.

도민 품으로 돌아온 계곡을 다시 보니 감회가 새롭습니다. 경기도내 1,501곳에 달했던 불법시설물 중에서 단 6건을 제외한 99.7%는 자진철거에 나서주셨습니다. 쉽지 않으셨을 텐데, 모두 원칙과 기준에 공감해주셨고, 기적 같은 결과를 만들어주셨습니다.

생계와 직결된 문제였음에도 기꺼이 더 나은 길을 택해주신 계곡 주변 상인들과 마을 주민 여러분, 그리고 정부 수립 이래 최초로 계곡 정비를 완수해낸 도와 시군의 공직자 여러분께 깊은 감사의 마음을 전합니다.

불법 천막과 평상으로 온통 뒤덮여 있던 경기도의 계곡들은 이제 청정한 모습이 되었습니다. 원형 그대로일수록 가치 있고 손을 안 탈수록 중요해지는 자원이 바로 자연입니다. 이제 경기도의 계곡은 도민의, 그리고 경기도를 찾는 모든 분의 공유재산이며 미래 후손의 유산입니다.

창업이수성난(創業易守成難)이란 고사처럼, 시작은 쉬우나 지키기는 어렵습니다. 그러나 어려움에 비할 바 없이 보람은 큽니다. 자연은 사람이 망치지만 않으면 언제나 우리를 넉넉히 품고 베풀어줍니다. 오전에 있었던 경기도의 자체 점검회의에서도 청정계곡을 오래 유지하기 위한 방안을 집중 논의했습니다.

아울러 도대2리 마을회관에서 열린 '청정계곡 지속가능 운영 모델 선포식'에 함께 해주신 분들께 다시 한번 감사의 말씀을 전합니다. 참석하신 마을 대표님들은 어제의 문제와 새로운 내일을 여는 방법을 가장 잘 알고 계신 분들입니다. 청정계곡 마을공동체가 가는 길을 경기도가 최선을 다해 돕겠습니다.

2021년 5월 26일

국가가 '육대전'만도 못해서야,
군인권옴부즈만 도입 필요

'육대전' 페북 페이지 계정으로 군대 내 부실 급식 제보가 쏟아집니다. 오래전부터 있던 문제인데 아직도 이러고 있다니 안타깝고 한심스럽습니다. 군은 '정상 배식'을 주장하다 어물쩍 '다시는 이런 일 없도록 하겠다'고 했지만, 그 뒤에도 시정은 되지 않고 제보는 이어지고 있습니다.

군 관련 업무는 아니지만, 국민의 일을 대신하는 공직자로서 매우 수치스럽고 죄송했습니다. "부끄러운 줄 알아야지"라는 노무현 대통령님의 일갈도 떠올랐습니다.

분단국가에서 태어난 죄로 2년간 일상과 격리되어 고된 국방 의무를 다하고 있는 이들입니다. 군대의 특성인 엄격한 조직생활을 감수하며 목숨을 걸고 국민의 안전과 나라를 지키고 있습니다.

제보된 사진을 보면 나라를 위해 청춘을 바치는 이들에 대한 세계 10위 경제력을 자랑하는 대한민국이 제공하는 식사로는 믿기지 않습니다.

원인은 예산 부족의 무관심이거나 예산유용범죄 둘 중 하나일 것인데 후자일 가능성이 크고, 어느 쪽이든 문제는 심각합니다. "그런 일 없도록 하겠다."는 명령이 일선 부대에 제대로 하달되지 못했거나 명령이 묵살된 것이라면 이 역시 지휘체계의 미작동을 드러내는 중대 문제입니다.

병사들의 휴대전화가 없었다면 밝혀지지 않았을 장병들의 인권 보호 시스템은 이번 사건을 계기로 근본적 재점검이 필요합니다.

부실 급식 문제 외에도 각종 폭력 등 인권침해, 갑질, 군무 외 사역 강요 등 군 내 부조리와 부정부패를 발본색원하기 위해 '군 인권옴부즈만' 제도를 도입할 필요가 있습니다.

2021년 5월 22일

억울해 죽음을 선택하는 일만은
막아야 합니다

안타까운 소식에 말문이 막힙니다.

성추행 피해를 입은 공군 중사가 기본적인 구제절차인 가해자와의 분리는커녕, 제대로 된 사건조사 없이 가해자와 상관들로부터 무마 협박과 회유를 당하다 스스로 생을 마감했습니다. 삶에 대한 기대로 부풀어야 할 혼인 신고 날 극단적 선택을 한 것입니다.

억울한 죽음을 밝혀달라며 부모님은 청와대 국민청원 게시판에 청원을 올렸고, 하루 사이 15만 명이 넘는 국민이 동의해주셨습니다. 애끓는 마음으로 사랑하는 가족을 보내야 했던 유가족분들께 어떤 위로의 말씀을 드려야 할지 참담합니다.

군대라는 공간은 직업적 특수성으로 24시간 동료가 함께합니다. 동료는 적으로부터 아군을 보호하고, 나를 지켜줄 수 있는 든

든한 생명줄입니다. 그러나 소수에게, 피해자에게, 부당하게 목을 조르는 조직이라면 국가방위라는 임무가 제대로 지켜질 수 있을지 개탄스럽습니다.

더 이상 억울한 죽음은 막아야 합니다.

군대 내 성폭력은 결코 개인 간의 문제가 아닙니다.

군은 가해자뿐 아니라 사건 무마를 회유한 상관, 피해구제 시스템 미작동에 대한 철저하고 엄정한 수사와 해명을 해야 합니다.

군인 역시 한 사람의 소중한 국민으로서 인권을 존중받을 수 있도록 피해사례 및 처리절차, 결과 등 군대 내 인권 보호 장치에 대한 전반적인 재점검이 필요합니다.

나아가, 임기마다 국회 제출과 폐기가 반복되며 한 발짝도 나아가지 못하고 있는 '군 인권보호관(군 옴부즈만)' 법안의 조속한 통과를 촉구합니다.

2021년 6월 1일

여성이 **출산과 육아, 꿈** 모두 이루는 사회 만들겠습니다

오늘 기본소득당 용혜인 의원님이 태어난 지 두 달이 채 되지 않은 아이를 유모차에 태우고 국회에 출근했다는 소식을 접했습니다. 많은 것을 생각하게 하는 뉴스입니다.

"한 아이를 키우는데 온 마을이 필요하다"고 합니다. 보육과 돌봄은 우리 사회 전체의 책임입니다. 그러나 많이 개선되고 있지만, 여전히 제도적 환경과 사회적 인식이 뒷받침되지 못한 것도 사실입니다.

저출생·고령화 사회를 극복하고 성장을 지속해 나가기 위해서는 일과 가정생활이 양립할 수 있어야 합니다. 국회가 먼저 육아와 보육 친화적인 일터로 변한다면 우리 사회문화 변화를 더 빨리 이룰 수 있을 것입니다.

용혜인 의원님이 발의한 「아이동반법」[2]도 속히 통과해 그 변

2) 아이동반법: 국회의원이 수유가 필요한 24개월 이하 영아 자녀와 국회 회의장에 함께 출입할 수 있게 하는 내용의 국회법 개정안.

곡점이 되기를 기대합니다.

경기도정을 펼치면서 공정보육을 실현하기 위한 산후조리비 지원, 국공립 어린이집 확충, 가족친화경영 모범기업 지원, 아동 돌봄 공동체 조성 등 다양한 일·생활 균형 지원정책을 체계적으로 시행하도록 노력해 왔습니다.

그 결과 경기도에서는 국공립어린이집이 2018년 695개소에서 2021년 1,136개로 증가했고, 이용률은 2018년 11.9%에서 2021년 20.6%로 2배 가까이 증가했습니다. 아이사랑놀이터 110개소를 운영해 실내놀이터 이용과 육아상담 등 종합 서비스도 제공하고 있습니다.

출산과 육아, 꿈 그 어떤 것도 희생하지 않는 사회를 만들겠습니다. 엄마로서, 직장인으로서 오늘도 고군분투하고 있을 모든 여성분을 응원합니다. 용혜인 의원님의 용기에도 큰 박수를 보냅니다.

2021년 7월 5일

환경미화원, 청원경찰분들,
이런 분들이 존중받고 우대되어야 합니다

오늘 경기북부청 출근길에 환경미화원, 청원경찰분들과 점심을 함께 했습니다.

모두가 잠든 새벽에 빛을 내는 분들…. 무더위에도 한설 속에서도 누구보다 일찍 하루의 문을 여는 이분들께 존경과 감사를 보냅니다.

이렇게 애를 쓰지만, 근무시간, 작업환경 및 장비, 안전기준이 모두 미흡합니다. 휴게실이 없어 화장실에서 식사하거나 에어컨 없는 계단에서 지친 몸을 쉽니다. 환경미화원의 재해율은 제조업의 두 배가 넘습니다.

마침 어제 문재인 정부가 '환경미화원 노동환경 개선방안'을 발표했습니다.

노동자 중심의 안전한 작업환경을 조성하고 고용형태로 인해 차별받지 않게 하며, 청소행정예산을 확대하고 소통을 강화하겠다는 정부방침을 응원하며, 경기도도 힘을 합치겠습니다.

제 아버지도 환경미화원에 경비원이셨고, 여동생도 환경미화원으로 일하다 떠났으며 또 다른 가족은 여전히 환경미화원입니다.

남들이 기피하는 험하고 힘든 일 하는 사람이 더 존중받고 대우받는 세상은 불가능한 꿈일까요?

내년부터 경기도의 정규직으로 직접 고용하기로 했는데 기뻐하시는 모습 보면 저도 기쁩니다.

해주신 말씀 잊지 않고 도정에 반영하겠습니다. 감사합니다.

2018년 8월 9일

성노예 피해자들을
잊지 말고 기억해주십시오

올해 처음 국가 공식 기념일로 지정된 '일본군 위안부 피해자 기림의 날'을 맞아 광주 나눔의 집에서 할머니들의 권리 회복 의지를 다지는 기림 행사에 참석하였습니다.

현재 28분의 성노예 피해자분들이 살아계십니다. 올해만 해도 경기도 내 피해자 세 분이 영면에 드셨습니다. 진정한 사과도 당사자가 있어야 가능합니다. 일본이 사죄할 수 있는 '기회'의 시간은 길지 않습니다. 과거의 만행을 회피하고 왜곡하기에 바쁜 일본은 국제 사회 리더의 자격이 없습니다.

고통스러운 우리 역사의 산증인인 성노예 피해자를 유네스코 세계기록유산으로 올려 다시는 이런 참혹한 일이 일어나지 않도록 인류사회에 교훈을 남겨야 합니다. 경기도는 유네스코 등재와 더불어 일본의 성의 있는 사과를 적극적 · 지속적으로 요구할 것

입니다.

오는 14일은 1991년 故 김학순 할머니가 처음으로 일본군 위안부 피해 사실을 세계 최초로 증언한 날입니다.

27년 전 김학순 할머니의 용기 있는 증언이 음지에 있던 240여 명의 성노예 피해자들을 세상으로 나올 수 있게 이끌었고, 우리나라뿐만 아니라 중국, 필리핀, 인도네시아 등의 피해자들에게까지 그 목소리가 전달됐음을 잊지 않고 기억하겠습니다.

평생 고통스러운 삶을 사신 할머니들께 깊은 위로의 말씀을 드립니다. 평생의 숙원을 풀 수 있도록, 명예와 존엄을 회복해 드릴 수 있도록 최선을 다하겠습니다. 건강히 지내십시오.

2018년 8월 11일

평화를 염원하는 국민을 믿고 용기를 내 부당한 압박을 이겨내며 지금
까지 걸어왔던 길을 뚜벅뚜벅 걸어가다 보면 언젠가는 우리 모두가 꿈
꾸던 자주적 평화통일국가에 도달해 있을 것입니다.

제5장

자주 통일국가를 향하여

평화가 답입니다
평화가 길입니다

1년 전 오늘, 역사적인 9.19 평양공동선언이 있었습니다. 한반도 평화와 번영을 향한 길에 큼지막한 이정표를 세운 날이었습니다.

비록 그사이 우리가 기대하는 만큼의 속도는 나지 않고 있지만, 평화는 우리가 가야 할 길이고 포기해서도 안 될 길입니다.

경기도에서 준비한 DMZ포럼이 오늘 개막했습니다. 분단과 전쟁, 살육의 상징이었던 DMZ를 평화와 공존, 생태의 희망 상징으로 만들어내는 일, 우리의 몫이라고 생각합니다. 그럴 때 우리의 미래도 달라질 거라 확신합니다.

오늘 개막식 기조연설문의 한 대목을 인용해 봅니다.

누가 대신 해주지 않습니다. 나의 운명을 남의 손에 맡길 수 없듯이 우리가 가고자 하는 길은 우리 스스로 개척해야 합니다.

지정학적 운명과 분단의 현실이 우리를 억누르고 있다고 할지라도, 굴하지 않고 꿋꿋하게 가는 것이 지금 우리가 해야 할 일입니다.

주저하거나 마다하지 않고 그 길을 가는 것이 경기도의 역할이라고 믿습니다.

어느 시인이 DMZ를 두고 이렇게 읊었습니다.

"마음 없는 새들이 유유히 넘어가고, 이념 없는 꽃들이 씨를 날려 보내는데, 살아서는 못 가는 고향이 있다."

사람은 살아서는 넘지 못하고 새와 꽃씨만이 넘을 수 있는 벽이 있다는 뜻입니다.

오늘 우리는 그 벽 앞에 서 있습니다. 이제 벽을 허물고 경계를 넘어 평화와 번영의 한반도로 가는 길을 내야 할 때입니다.

오늘보다 나은 한반도, 여러분께서 함께 해주신다면 반드시 만들 수 있습니다.

2019년 9월 19일

동맹의 바탕은 신뢰이고,
그 핵심은 상호존중입니다

한반도는 지정학적으로도 경제적으로도 매우 중요한 위치에 있습니다. 한반도에 항구적인 평화를 정착시키는 것은 평화를 애호하는 온 세계인의 바람일 것입니다.

한반도 평화는 미국에게도 매우 중요한 목표일 것이라 생각합니다. 북미회담을 포함하여 미국이 기울이고 있는 여러 노력들에 경의를 표합니다.

남북의 접경을 품고 있으며 많은 군사시설을 두고 있는 경기도는 한반도 평화에 더욱 무거운 역할을 띠고 있다고 생각합니다. 경기도는 평택에 주둔하고 있는 미8군사령부와 함께 한미협력협의회에 관한 양해각서를 체결하고 상호 협력의 범위를 진전시키기로 하였습니다.

동맹의 바탕은 신뢰이고, 신뢰는 상호존중으로부터 온다는 점

을 상기해봅니다. 군사시설 인근에 거주하는 우리 도민들의 불편을 함께 헤아리고 해소하는 한편, 주한 미군 장병과 그 가족이 우리 사회에 원활히 정착할 수 있도록 성실히 지원하겠습니다. 이처럼 서로를 존중하며 협력적인 지역 공동체를 이룩하는 것 역시 평화를 더욱 굳건히 하는 길이라 생각합니다.

마이클 빌스 미8군 사령관님은 한국전쟁에 참전하신 부친에 이어 한국에서 군 생활을 시작하신 분입니다. 2대에 걸쳐 대한민국에 기여하신 바, 잊지 않겠습니다.

2019년 12월 9일

5.24 조치 실효성 상실 판단,
환영합니다

통일부가 5.24 조치의 수명이 다했다고 선언했습니다. 통일부의 전략적 판단을 전적으로 지지하고 환영합니다.

2010년 이명박 정부는 5.24 대북제재 조치를 내리며 방북과 남북교역을 중단시켰습니다. 대결이 대화를 가로막았고, 과거가 미래를 발목 잡았습니다.

남북의 오작교가 끊긴 사이 한반도에는 북미 간의 격화된 대결과 갈등이 크게 자리 잡았습니다. 정작 한반도 문제의 당사자인 우리의 입지는 이전과 비할 바 없이 좁아졌습니다.

10년이 흘렀습니다. 그 사이 남북 두 정상이 세 차례 만났습니다. 대결의 과거로 돌아가지 않을 것을 선언하고, 오작교를 다시 잇는 과정이 시작된 것입니다.

한반도 평화는 필연적인 길입니다. 최근 문재인 대통령님께서도 외부 요인과 관계없이 주도적으로 남북관계를 강화하겠다는 뜻을 여러 차례 강조하셨습니다. 때로는 정체되고 난관이 있더라도 우리가 나아갈 방향은 분명합니다.

K방역에 이어 K평화로 세계인을 감동시킬 날을 그려봅니다. 남북공동번영의 심장 개성공단이 다시 힘차게 뛰기를 기대합니다.

남북의 접경을 품은 경기도도 정부와 발맞추어 DMZ를 전쟁과 상처에서 평화와 치유의 상징으로 바꿔내겠습니다.

2020년 5월 21일

'살인 부메랑' 대북전단의 피해를
왜 경기도민이 감당해야 합니까?

대북전단 낙하물이 의정부의 한 가정집 위에서 발견됐다는 신고가 어제 들어왔습니다. 현장을 조사해보니 전단과 다수의 식료품이 한 데 묶여있었고 지붕은 파손돼있었습니다.

이곳 주변으로 대규모 아파트 단지들이 밀집해 있는 터라 자칫인명피해 가능성도 있었습니다. 길을 걷던 아이의 머리 위로 이 괴물체가 낙하했더라면 어떠했겠습니까? 정말이지 상상조차 하기 싫은 끔찍한 일입니다.

이번 사건은 살포된 대북전단이 북측 아닌 우리 민가에 떨어지고, 자칫 '살인 부메랑'이 될 수 있으며, 접경지대에 속하지 않더라도 그 피해에서 자유롭지 않다는 것을 보여줍니다.

왜 우리 도민들이 이런 위험에 노출되어야 합니까? 반평화(反平和) 행위 엄단하고 도민의 생명과 안전을 지키는 것은 진정한 안

보이자 도지사의 책무입니다. 평화 방해하고 도민 안전 위협하는 '살인 부메랑' 대북전단 살포를 결코 용납할 수 없습니다.

이 대북전단은 지난 5월경 한 탈북민단체가 오두산 전망대에서 살포한 것과 동일한 내용물로 구성되어 있습니다. 조사를 마무리 짓는 대로 불법행위에 대한 분명한 책임을 묻겠습니다. 할 수 있는 모든 행정력과 공권력을 동원해 대북전단 살포 행위를 엄단하고 도민을 보호하겠습니다.

2020년 6월 18일

한반도 역사의 주체는
남과 북

북측의 조치보류와 남측의 인내가 평화 협력의 새 토대가 될
것입니다

북측이 대남 군사 조치를 보류하기로 했습니다. 환영합니다.
대적 공세를 취하겠다고 공언한 북측으로서도 보류 결정을 하는
것이 쉽지 않았을 것이라고 짐작합니다.

진정한 안보는 평화를 정착시키는 것입니다. 남북관계 악화는
결국 남과 북 모두의 손실로 귀결됩니다. 감정적 대응을 선택하
는 것은 쉽지만 그 결과는 녹록지 않습니다. 어렵게 쌓아온 신뢰
를 무너뜨리고 역사를 수십 년 전으로 되돌리게 되기 때문입니
다.

평화를 만들고 지키는 과정은 인내를 요합니다. 문재인 대통령
님과 청와대는 취임 이후 줄곧 한반도 평화를 위해 노력해 왔고

지금도 최고의 인내심을 발휘하고 있습니다. 이 점은 미국의 강경파 볼턴의 회고록에서도 잘 드러납니다. 최근 남북관계 악화를 빌미로 가해지는 반평화 공세에도 잘 견디고 있습니다. 터무니없는 주한미군 방위비 인상 요구에 일방적으로 끌려가지 않는 모습은 칭찬받아 마땅합니다.

문재인 정부의 평화에 대한 노력과 인내심에 경의를 표합니다.

한반도의 운명은 한반도의 남과 북이 스스로 결정해야 합니다. 외세와 강대국에 휘둘려온 비극의 역사를 끝내고 우리 손으로 우리의 역사를 만들어 가는 것, 그것이 우리에게 주어진 과제입니다.

상대가 부족하고 섭섭한 게 있다면 대화하고 만나서 풀어야 합니다. 한민족으로 상호의존적일 수밖에 없는 남북이 대립과 갈등, 파국으로 치닫는 것은 우리 모두를 절망케 하는 것입니다.

신뢰는 약속을 지키는 것에서 출발합니다. 우리부터 무슨 수를 써서라도 약속을 지켜나가야 합니다. 국회는 가장 빠른 시기에 4.27 판문점선언을 비준하고 대북전단금지법을 입법해야 하며, 합의에 반하는 대북전단을 철저히 통제하고 책임을 물어야 합니다.

평화를 염원하는 국민을 믿고 용기를 내 부당한 압박을 이겨내며 지금까지 걸어왔던 길을 뚜벅뚜벅 걸어가다 보면 언젠가는 우리 모두가 꿈꾸던 자주적 평화통일국가에 도달해 있을 것입니다.

2020년 6월 24일

완전한 자주독립의 꿈,
평화와 번영으로 이어가겠습니다

존경하는 경기도민 여러분, 독립유공자와 유가족 여러분,
오늘은 75번째 맞는 광복절입니다.

빼앗긴 나라를 되찾기 위한 선열들의 희생과 헌신 덕분에 독립
을 이루고 번영을 일굴 수 있었습니다. 선열들 앞에 머리 숙여 깊
은 존경과 감사의 마음을 올립니다.

75년의 세월이 지났지만, 일제의 수탈은 우리에게 여전히 씻을
수 없는 상처입니다. 일상을 송두리째 빼앗고 짓밟은 일본은 여
전히 책임을 인정하지 않고 있습니다.

아베 총리를 비롯한 일본 정부는 지난 2012년 집권 이후 단 한
차례도 사죄를 한 적이 없습니다. 일본 정부는 강제동원 피해 배
상 판결에 반발하며 오히려 경제침략으로 도발하였습니다.

한해가 지나 다시 광복절을 맞이하는 지금, 일본 정부는 선제공격이 가능한 나라를 만들겠다고 말하고 있습니다. 도저히 묵과할 수 없는 일입니다.

경기도에는 일본군 '위안부' 피해자와 강제동원 피해자를 비롯하여 일제에 수탈당하고 상처받은 분들이 여전히 생존해 계십니다. 불과 사오 년 전만 하더라도 천여 명이 넘는 피해자분들이 계셨지만, 그 사이 절반 넘게 돌아가셨습니다.

일본 정부는 역사의 증인들이 사라질 때까지 눈과 귀를 막고 버티면 모든 과오가 없던 일이 될 거라고 믿는지도 모르겠습니다. 그러나 이것은 착각일 뿐입니다.

과거를 용서받고 미래로 함께 나아가는 유일한 방법은 피해자가 괜찮다고 할 때까지 사죄하고 합당한 책임을 지며 재발 방지를 약속하는 길뿐입니다. 일본 정부가 인류 보편의 양식에 걸맞은 행동으로 인권과 평화를 애호하는 진정한 이웃으로 거듭나기를 촉구합니다.

존경하는 1,370만 도민 여러분,

선열들께서 염원하시던 자주독립의 꿈은 살아남은 이들이 반드시 풀어야 할 과제입니다. 남북으로 갈리어 갈등과 대화를 반복하는 한반도는 선열들께서 꿈꾸던 세상이 아니었을 것입니다.

같은 역사와 아픔을 공유하는 남과 북이 서로 소통하고 협력하여 한반도 평화 시대를 여는 것은 선열의 뜻을 잇는 길입니다. 특히 접경지대를 품고 있는 경기도 입장에서 평화는 곧 생존과 직결되는 중차대한 과제입니다.

경기도는 남북관계에 따른 영향을 가장 빨리 가장 크게 받습니다. 최근 벌어진 대북전단 불법살포 사건처럼 일촉즉발의 사태가 발생하면 도민의 생명과 행복이 곧바로 위협받습니다. 황강댐 방류나 감염병 확산에서 볼 수 있듯 남과 북이 서로 소통하고 협력하지 않으면 풀 수 없는 문제가 수두룩합니다.

가는 길이 어렵고 힘들다고 포기했다면 해방도 독립도 맞지 못했을 것입니다.

평화도 마찬가지입니다. 인내심을 가지고 작은 것이라도 실천할 때 평화는 우리 곁에 성큼 오게 될 것입니다.

경기도는 한반도의 평화와 번영을 위해 남북교류협력을 꾸준히 추진해왔습니다. 남북공동방역을 위한 협력물자 지원과 남북농업협력을 추진하기 위해 지방정부 최초로 UN제재면제를 승인받았습니다.

일회성이 아니라 지속 가능한 대북 인도 지원 사업을 위해 대북제재 면제 대상 확대 노력도 기울이고 있습니다. 남북관계가 꽉 막힌 상황에서도 그동안의 노력과 신뢰를 바탕으로 열화상감지기를 포함한 코로나19 방역 물품 7종을 지원할 수 있었습니다.

경기도는 앞으로도 보건의료 분야 협력과 인도적 지원 사업을 시작으로 한반도 평화 실현을 위한 역할을 다하겠습니다.

존경하는 경기도민 여러분,

최악의 위기 속에서도 나보다 이웃과 공동체의 안녕을 먼저 생각한 선열들의 숭고한 정신은 오늘날에도 빛나고 있습니다.

국민과 기업, 정부가 합심하여 위기를 기회로 바꾸고 있습니다.

일본의 경제침략에 맞서 시작된 자발적인 불매운동이 꾸준하게 이어지고 있고, 소재·부품·장비산업의 기술독립을 이루려는 노력도 짧은 기간 안에 성과를 내고 있습니다. 친일문화잔재 청산을 위한 경기도의 노력도 지난해부터 계속되고 있습니다.

대한민국은 코로나19 위기 속에서 효과적인 방역으로 전 세계의 모범이 되었습니다.

정부의 철저한 방역과 의료진의 놀라운 헌신, 세계 어느 나라도 따라올 수 없는 남다른 시민의식이 함께 이룬 성과입니다.

선열들의 정신을 기억하는 한 어떠한 위기도 어떠한 재난도 극복할 수 있습니다.

친일잔재 청산 노력을 바탕으로 모두가 건강하고 안전한 대한민국을 위해, 완전한 기술독립으로 부강한 나라를 위해, 남북이 평화롭게 번영하는 한반도를 위해 경기도가 앞장서겠습니다.

대한민국의 어제를 지켜주신 순국선열·독립유공자 여러분과 일제의 수탈에도 꿋꿋이 견뎌내신 모든 분께 다시금 머리 숙여 경의를 표합니다.

대한민국의 오늘을 지키고 계신 의료진과 방역 관계자들, 성

숙한 시민의식을 발휘해주시는 모든 분께도 존경과 감사의 말씀
드립니다.

　고맙습니다.

2020년 8월 15일

경기도지사 이 재 명

2020년 8월 15일

북측에 다섯 가지
협력사업을 제안합니다[3)]

전 세계가 코로나19와 싸우고 있습니다. 감염병은 우리의 일상을 완전히 바꾸어놓았습니다. 당연하게 여겼기에 무심코 지나쳤던 것들이 얼마나 소중한 것인지 절감하고 있습니다. 만일, 다시 돌아갈 수 있다면 우리의 일상이 위태로워지지 않도록 더욱 노력해야겠다는 생각을 해봅니다.

그러나 안타깝게도 코로나19 이전으로 돌아갈 수는 없습니다. 우리가 할 수 있는 일이라곤 평온한 일상을 되찾기 위해 가능한 모든 노력을 다 하는 것뿐입니다.

평화도 마찬가지입니다. 지금으로부터 70년 전, 우리가 발 딛고 살아가는 이 땅에서 끔찍한 전쟁이 있었습니다. 수많은 사람

---

3) 2020 DMZ포럼 기조연설

이 숨지고, 수많은 것들이 파괴됐습니다. 전쟁은 멈추었을 뿐 끝나지 않았습니다. 폐허를 딛고 쌓아올린 모든 것들이 한순간에 무너질 가능성이 상존합니다.

익숙해져서 느끼지 못할 뿐, 전쟁에 대한 경험과 공포는 우리의 일상을 지배하고 있습니다. 작은 충격에도 쉽게 흔들리고 깨지는 불안정한 삶을 지속할 수는 없습니다.

되돌릴 수 없다면 새로 만들어야 합니다. 소극적이고 불안정한 평화가 아닌, 적극적이고 항구적인 평화가 우리의 일상이 되도록 만들어야 합니다. 전쟁의 공포를 끝내고, 평화가 일상이 되도록 하는 것, 그 토대에서 번영의 성취를 이루는 것, 그것이 우리가 지금 해야 할 일입니다.

평화는 저절로 주어지는 것이 아닙니다. 스스로 만들어야 합니다. 우리는 평화를 만들기 위해 끊임없이 노력해왔고, 성과도 있었습니다.

2년 전 4월 27일, 남과 북의 정상이 판문점에서 만났습니다. 문재인 대통령과 김정은 위원장의 '도보다리' 회담은 전 세계인에게 깊은 감동과 울림을 주었습니다.

그로부터 5개월 뒤인 2018년 9월 19일, 두 정상은 역사적인 평양공동선언을 발표했습니다. 미국의 트럼프 대통령이 김정은 위원장과 함께 군사분계선을 넘고, 남북미 정상이 판문점에서 만나는 놀라운 광경이 펼쳐졌습니다.

그렇게 평화를 만들었지만, 평화를 지키는 것은 쉽지 않았습니다. 베트남 하노이에서 열린 북미대화는 성과 없이 끝나버렸고, 남북관계는 한 발짝도 나아가지 못했습니다. 급기야 남북 교류협력의 상징인 '남북공동연락사무소'도 파괴되고 말았습니다. 남북관계는 다시 얼어붙었습니다. 그러나 포기할 수는 없습니다. 옳은 길이라면 시련과 고난이 있다고 해도 나아가야 합니다.

경기도는 DMZ를 품고 있는 대한민국 최대 지방정부입니다. 남북관계의 영향을 가장 먼저 가장 크게 받는 곳이 경기도입니다. 그렇기에 남북관계 발전과 한반도 평화 정착에 대한 막중한 사명감과 책임의식을 갖고 있습니다. 평화와 번영의 한반도 시대를 열기 위해 경기도는 할 수 있는 최선의 노력을 다할 것입니다. 남북교류를 통해 신뢰를 회복하고 평화를 정착시켜 번영의 길로 가고자 합니다. 그것이 남북 모두에게 이익이라고 믿습니다.

그런 차원에서 이 자리를 빌려 몇 가지 협력사업을 북측에 제안합니다.

첫째, 한반도 보건증진을 위한 남북 공동방역과 의료협력입니다.

아프리카돼지열병과 코로나19에서 보듯 전염병과 감염병은 국경으로 막을 수 없습니다. 피해를 막고 모두의 안전을 확보하려면 남북 공동 방역협력 체계를 구축해야 합니다. 우리는 말라리아 공동방역 경험을 갖고 있습니다. 남북 보건의료 분야 전문가들을 비롯한 인적, 물적 교류를 통해 각종 질병에 효과적으로 대응할 수 있습니다.

이를 위해 개풍, 개성 일원에 남북 공동의료·보건 방역센터 설립을 제안합니다. 경기도가 쌓아온 방역 역량과 북측의 국가비상방역체제 경험을 공유하고 임상치료정보를 교류하는 거점이 될 거라 기대합니다.

둘째, 임진강과 북한강 수계관리 협력입니다.

수해방지와 통합적인 물 관리를 위해 남북 수계관리 기구를 설치해야 합니다. 남측은 홍수피해를 막고 북측은 갈수기 건천화와 물부족 사태를 예방하는 데 기여할 것입니다. 이와 함께 풍부한 수량으로 생산된 전력을 북측에 제공하면 남북 모두 이익을 얻을 것입니다.

셋째, 경기도 접경지역과 밀접하게 관련 있는 사업에 대한 남북 공동 조사연구를 제안합니다.

한강하구 남북공동수로조사 재개와 서해경제공동특구 조성 사업을 상호 합의대로 이행해야 합니다. 비무장지대 안에 개성과 판문점 등과 연계하여 남북이 자유롭게 오갈 수 있는 평화공원을 조성할 수 있도록 조사와 연구를 해야 합니다.

넷째, 남북 공동 산림복원사업과 농촌종합개발사업을 재개해야 합니다.

경기도는 지방정부 최초로 양묘장 조성 물품과 스마트 온실에 대한 유엔 대북제재 면제 승인을 받은 바 있습니다. 대북제재 걱정이 사라진 만큼 개풍양묘장과 농촌시범마을 조성 재개를 위한 협의를 서둘러 재개해야 합니다.

마지막으로, 이 모든 사업에 앞서 대북 수해복구 지원사업에 나서고자 합니다.

연이은 태풍으로 남측의 피해도 크지만, 북측의 피해 역시 매우 심각한 것으로 압니다. 같은 민족으로서 동포가 어려울 때 돕는 것은 당연한 일입니다. 1984년 우리가 큰 홍수 피해를 입었을 때 북측 역시 쌀과 의약품을 비롯한 구호물자를 조건 없이 지원한 바 있습니다. 경기도는 가능한 형편에서 조건 없이 대북 수해복구 지원사업에 함께 하겠습니다.

앞서 말씀드린 제안들을 실현하려면 북측의 참여가 꼭 필요합니다. 경기도는 언제 어디서든 대화할 준비가 되어 있습니다. 북측의 통 큰 결심과 참여를 기대합니다.

국회에도 요청드립니다. 대북전단 금지법 제정, 남북정상선언 비준 등 현안을 조속히 처리해 평화협력에 대한 우리의 의지를 보여줄 수 있기를 당부드립니다. 쉽지 않은 길이지만 반드시 가야 할 길, 한반도 평화 시대를 열기 위해 모두 함께해 주시기 바랍니다.

2020년 9월 17일

평화의 소녀상은
국제인권법의 정신을 표현하고 있습니다

대한민국 국민이자 경기도민을 대표하는 도지사로서 오늘 독일 베를린시장과 미테구청장께 소녀상 철거 방침의 공식 철회를 요청하는 편지를 보냈습니다. 관심 가져주시고 널리 알려주세요. 다음은 서한문 전문.

친애하는 미하엘 뮐러 베를린시장, 슈테판 폰 다셀 미테구청장께 민주주의와 평화를 위한 끊임없는 노력에 감사드립니다.

베를린시가 최근 한-독 양국 시민들의 노력으로 설치된 '평화의 소녀상'에 대한 철거 방침을 밝힌 데 대해 저는 대한민국의 경기도민을 대표하는 경기도지사로서 우려를 표합니다.

일단 14일까지의 철거 명령은 법원 절차로 인해 보류됐지만, 베를린시와 미테구의 입장에 변화가 있는 것은 아니기에 한국의 국민은 마음을 놓지 못하고 있습니다.

만일 평화의 소녀상이 철거된다면, 전쟁범죄와 성폭력의 야만적 역사를 교훈으로 남겨 항구적인 평화를 정착시키고자 염원하는 한국인과 전 세계의 양심적 시민들에게 실망을 안겨주게 될 것입니다.

일본군 위안부 피해자들의 명예와 인권 회복을 위해 만든 조각상인 평화의 소녀상은 이미 수개월 전 베를린시 도시공간문화위원회의 심사를 거쳐 공공부지에 설립되었습니다. 이 같은 당국의 허가가, 일본의 노골적인 외교적 압력이 있은 뒤에 번복되는 것은 독일과 오랜 친선우호 관계를 맺어온 한국인들에게 커다란 상처가 아닐 수 없습니다.

일본은 세계 곳곳에 세워진 소녀상이 반일 국수주의(nationalism)를 부추기는 도구라고 주장합니다. 포용과 자유의 정신이 살아있는 베를린에 걸맞지 않은 철거 공문에도 그러한 일본의 논리가 스며 있었습니다. 그러나 위안부 문제를 대하는 한국인의 인식은 한국 대법원의 판결에서 보듯이 '개인의 청구권은 국가 간 합의로써 포기될 수 없다'는 것으로서 철저하게 국제인권법의 정신을 견지하고 있습니다.

소녀상을 꼭 한 번 찬찬히 살펴보시기 바랍니다. 소녀상의 머리칼은 거칠게 잘려나갔습니다. 그것은 사랑하는 가족들과의 끊긴 인연을 드러냅니다. 어깨 위의 작은 새는 결국 돌아오지 못한

영혼을 기리며, 소녀상 옆의 빈자리는 미래세대에 대한 약속을 나타냅니다. 소녀상의 어떤 면을 반일주의나 국수주의라 할 수 있겠습니까?

저는 과거사를 진정으로 사죄하고 그 책임을 철저하고 지속적으로 이행하는 독일 정부와 국민에 대한 존경심을 갖고 있습니다. 많은 한국인의 존경과 사랑을 받고 있는 빌리 브란트 전 총리는 책임을 잊지 않는 것이야말로 잘못된 역사를 반복하지 않는 길임을 보여주었습니다. 하물며 사죄하지도 않는 과거를 청산할 길은 없습니다. 회복하지 못한 피해자들의 인권과 소녀상의 역사적 무게를 숙고하여 귀 당국의 철거 입장을 공식적으로 철회해 줄 것을 요청합니다.

전쟁범죄를 청산하고 동서분열을 극복한 평화의 도시 베를린에 항구적 평화가 깃들길 바랍니다.

대한민국 경기도지사 이재명

2020년 10월 14일

대북 전단 살포 금지법
개정을 환영합니다

　대북 전단 살포 금지법이 통과되었습니다. 남북 간 신뢰 회복과 한반도 평화 안착을 위한 소중한 진척을 이뤘습니다. 대북 전단 살포로 불안해하던 접경지 우리 도민의 생명을 보호하고 안전을 도모할 수 있게 된 것 또한 다행입니다. 개정안 통과를 위해 애써 주신 송영길 외통위원장님, 민주당 의원님들께 감사드립니다.

　지난 6월 살포된 대북 전단은 대부분 남쪽으로 되돌아와 우리 지역의 민간 주택을 파손하고 길 가는 행인들을 위협했습니다. 전단에서 확인된 내용들은 북한 인권 개선이나 남한 체제 옹호가 아니라 특정 인물에 대한 조롱과 인신공격으로 점철되어 사실상 남북 간 긴장과 대결을 의도했다고밖에 볼 수 없습니다. 대북 전단 살포로 2014년 경기도 연천군에서 총격전이 벌어졌던 것을 감안한다면, 이는 명백한 군사적 도발 행위이기도 합니다.

대북 전단 살포는 표현의 자유를 빙자해 국가 안보에 위해를 가하는 반국가적 행태에 가깝습니다. 그럼에도 불구하고 개정안 표결처리에 강하게 반대한 국힘당 의원님들의 속마음이 궁금합니다. 우리 국민의 생명과 안전, 이 땅의 평화 실현에 진정 관심이 있는지 묻지 않을 수 없습니다.

표현의 자유는 존중되어 마땅하나 그 방식은 정당해야 합니다. 대북 전단 살포는 결코 합당한 표현 방식이라고 볼 수 없습니다. 이를 금지할 수 있는 개정안 통과를 다시 한번 환영합니다.

2020년 12월 3일

역사는 물을 것입니다
광주 닮은 미얀마에 무엇을 했냐고

　미얀마 군부가 미얀마 민주주의 네트워크 얀나잉툰 공동대표와 소모뚜 공동대표를 지명 수배했습니다. "이재명을 만나 국제사회가 미얀마 상황을 오해할 수 있도록 이야기했다."라는 게 수배이유인데, 공동대표들께서 제게 무슨 말을 했으며 어떤 발언이 왜곡됐는지는 밝히지 않았습니다.

　5.18 민주화 운동을 떠올리지 않을 수 없습니다. 당시 전두환 쿠데타 세력의 참상을 알린 외신기자, 현장을 목격하고 진실을 전한 외국인 선교사들, 도움을 요청했던 우리 교민들의 목소리를 들어주고 연대해 준 해외의 현지인들. 그들이 없었다면 광주의 진실은 더 알리기 어려웠을 것입니다.

　41년 전 광주를 지원했던 해외의 손길이 지금 한국사회의 몫이 되었습니다. 훗날, 역사는 물을 것입니다. 미얀마 이주민들이

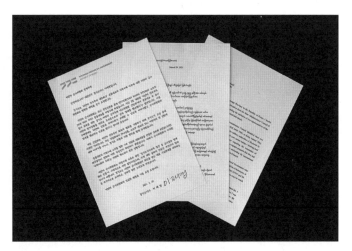

도움을 요청할 때 무엇을 했냐고, 광주 닮은 미얀마를 위해 한 일이 무엇이었냐고 물을 것입니다. 경기도는 이주민 지원사업의 하나로 미얀마 사람들을 위한 구체적 지원계획을 마련하고 있습니다.

지명 수배 사유에 제가 지목된 만큼 미얀마 군부에 묻지 않을 수 없습니다. 구체적으로 어떤 내용이 허위사실인지 말해주십시오. 그래야 저는 물론 국제사회가 오해하지 않을 것입니다. 미얀마 군부에 경기도지사의 공식 요청 서한을 보냈습니다. 성실한 답변 기다리겠습니다.

2021년 3월 30일

일본 정부의 독도 도발,
스스로 불행해질 뿐입니다

내년부터 일본 고등학교 사회 교과서들에 '독도는 일본 고유영토'라는 주장이 담기게 됐습니다. 심지어 한국이 독도를 불법점거하고 있다는 표현도 다수 포함됐다고 합니다. 일본의 보수우익이 아직도 구시대의 군국주의 미몽에 사로잡혀 있으며, 보수우익의 그림자 밑에 일본 정부가 놓여있는 것이 참으로 개탄스럽습니다.

일본은 우리와 지리적으로 매우 가깝고 경제적으로 매우 밀접한 이웃 국가이지만, 대한민국의 주권과 존엄을 침해하는 행위에 대해서는 묵과할 수가 없습니다. 우리 정부는 일본 우익의 어떤 도발에도 반드시 그 이상의 강력한 대응을 할 것입니다.

아울러, 양국의 우호 관계를 해치는 행위는 현명한 일본 국민 다수가 원하지 않을 뿐 아니라, 일본의 정치가 자국민을 불행하게 하는 일임을 밝혀둡니다. 지난 2018년 식민지배의 불법성을 확인한 우리 대법원의 정당한 판결에 대해 일본 정부는 국제법에 반하는 무리한 무역보복을 가함으로써, 경제적인 위상 추락과 국제적 고립만을 스스로 불러온 바 있습니다. 한때 세계 2위의 경제 대국이자 국제사회의 리더 중 하나였던 일본이 왜 끊임없는 쇠락을 계속하고 있는지 그들 스스로 돌아봐야 합니다.

일본 정부가 과거를 부정하고 역사를 왜곡하며 스스로 고립을 자초한다면 잃어버린 10년이 잃어버린 30년이 되었듯, 21세기의 머지않은 어느 시점에 일본은 후진국가로 전락하게 될 것입니다.

국제사회에서의 신뢰 회복과 동아시아 국가들의 협력 없이는, 일본의 경제와 국가 위상 회복도 있을 수 없습니다. 일본 정부의 잘못된 판단이 일본 국민 전체를 불행의 나락으로 내몰지 않기를 바랍니다.

"과거로부터 배우지 못하면 그것을 반복하기 마련입니다."

2021년 3월 31일

경기도 국제평화교류위원회 첫 개최
한반도 평화를 위한 경기도의 비전

한반도가 분단의 고통을 겪은 지도 어느덧 70년이 훌쩍 넘어 갑니다. 당장 우리 삶을 위협하고 미래를 불확실하게 만드는 분단을 극복하는 일이야말로 우리 민족의 최대과제라 할 수 있습니다.

남북평화를 위해 중앙정부와 더불어 민간단위의 다양한 시도가 이루어지는 가운데, 지방정부 또한 고유의 역할이 있습니다. 최근 다시금 불거진 대북전단 살포 문제의 경우, 남북관계를 악화시키는 것은 물론이고 도민의 안전과도 밀접해 도 차원의 활용 가능한 법령으로 막아보고자 노력을 기울여 왔습니다.

올해는 '경기도 국제평화교류위원회'가 출범했습니다. 남북평화와 대외적 관계망 구축에 있어 개별 사안별로 대응하는 차원을 넘어 보다 장기적인 비전을 제시하고자 합니다. 남북관계와

국제정세에 정통하신 문정인 위원장님과 각 분야의 전문가분들이 의견을 모아주실 것입니다. 오늘 개최된 첫 위원회 자리에서는 벌써부터 구체적인 안건으로 논의가 뜨거웠습니다. 위원으로 위촉되신 분들께는 감사와 축하의 말씀을 전합니다.

애초에 남이었다면 모를까, 오랜 역사를 함께 해오다 지난 세기에 갈라져 버린 남북관계의 해법을 찾기란 대단히 까다롭습니다. 좋을 때는 훈풍이 풀다가도 느닷없이 꽃샘추위가 들이닥쳐 좌절을 안기지만, 그러나 결국에는 간절한 염원에 따라 봄은 올 것입니다. 그날을 준비하겠습니다.

2021년 5월 3일

미사일 지침 해제 환영,
대한민국 과학기술 발전의 계기로

한미 정상회담의 결과로 대한민국 미사일 기술의 마지막 족쇄가 풀렸습니다.

박정희 정권 때인 1979년 '한미 미사일 양해각서' 체결 이후 우리나라는 독자적 미사일 기술 개발에 제약을 받았고, 그간 4차례의 지침 개정에도 불구하고 사거리는 여전히 800km로 제한돼 왔습니다.

이제 미사일 기술과 관련된 모든 제약이 사라짐으로써 우리나라는 주권국가답게 자유로운 연구·개발에 나설 수 있습니다.

특히 이번 조치는 국방 분야 만이 아니라 과학기술 및 산업발전에도 큰 도움이 될 것입니다. 미사일 기술은 인공위성 발사체 및 우주 개발의 핵심기술이기에, 대한민국은 미래 전략산업인 항공우주 분야에서 다른 과학기술 강국들과 대등한 경쟁을 펼칠 수 있게 되었습니다.

현무4와 K-SLBM(한국형 잠수함발사탄도미사일) 등 우수한 기술을 가졌으면서도 그동안 한반도 주변국들의 중·장거리 미사일 기술 개발을 구경만 했던 우리의 과학기술 인력들에게도 그야말로 단비와 같은 소식입니다.

우리는 세계 최초의 로켓인 '주화'와 '신기전'을 만든 민족입니다. 한미 간의 미사일 지침 해제가 대한민국의 우주과학기술을 만방에 떨치고 자주적 안보 역량을 강화하는 계기가 되길 기원합니다.

2021년 5월 22일

평화와 공존, 화합을 향한
노력은 계속되어야

6·15 남북공동선언 21주년을 맞아 민주평화광장과 성공포럼 주최, 한반도평화본부 주관으로 좌담회가 개최되었습니다. 많은 분이 새길을 열어가기 위해 백범김구기념관에 모였습니다.

백정(白丁)과 범부(凡夫)에서 각각 한 글자씩을 따와 호를 지은 김구 선생님께서는 임시정부 수립 당시 당신은 그저 한 명의 문지기가 되겠다고 자처하신 분입니다. 우리의 몸을 반으로 나눌지언정 허리가 끊어진 조국은 차마 볼 수 없어 흉탄으로 세상을 떠나는 그 날까지 하나의 나라를 만들고자 고군분투하셨습니다.

만약 김구 선생님께서 시해당하지 않았다면 대한민국의 역사는 어땠을까 상상해봅니다. 끔찍한 민족상잔의 고통도 겪지 않고 김대중 전 대통령님께서 열어 보이신 남북평화의 순간은 훨씬 더 일찍 도착했을지도 모를 일입니다.

분명한 것은 평화와 공존, 화합을 향한 노력은 계속되어야 한다는 사실입니다. 진영 간 대결은 격화되고 각국의 이해관계는 첨예해지며 우리의 선택지는 좁아지고 있지만, 자주적 입장을 견지하며 스스로를 지켜내야 합니다. 한미동맹을 고도화하되 중국과는 전략적 협력 관계를 유지하며 남북평화의 길을 모색하는 것이 우리에게 주어진 숙제입니다.

역사는 어김없이 미래를 향해 나아갑니다. 지금 우리의 작은 노력이 모여 한반도의 운명을 가르는 큰 분기점으로 돌아올 것을 명심해야 합니다. 앞서 길을 개척하신 선배분들의 뜻에 따라 '높고 새로운 문화의 근원을 창출하여 세계 모범이 되는' 대한민국을 우리 후손들에게 물려주기 위해 낮은 자세로 온 마음을 다하겠습니다.

2021년 6월 15일

한평생 국가를 걱정하셨던 분들,
국가는 그렇게 하지 못했습니다

'국가관'이라는 것이 달리 있지 않습니다. 대한민국이라는 국가 공동체를 위해 헌신한 이들에 대한 마땅한 존중이 곧 나라를 사랑하는 마음이자 건강한 국가관의 핵심입니다.

엄혹했던 근현대사를 온몸으로 겪어내신 분들이 있습니다. 우리 사회 산업화와 민주화를 이끌었던 분들이기도 합니다. 이분들의 희생을 방치하고서 사회적 신뢰와 시민적 책임을 운운할 수 없습니다.

아직 충분하지 않지만, 의지를 갖고 확대해왔습니다. 경기도에 거주하는 독립유공자, 참전유공자, 민주화 유공자만큼은 최선을 다해 모시고 싶었습니다. 예우의 뜻을 대폭 확대하는 행정의 기조를 만들어가고 있는 만큼 앞으로도 이 흐름은 계속될 것입니다.

어르신들께서는 한평생 국가를 걱정하셨지만, 국가는 그렇게 하지 못했습니다. 공동체를 위한 특별한 희생과 헌신에는 반드시 존중과 예우가 따른다는 원칙을 분명히 하겠습니다. 이러한 원칙이 단지 유공자들의 절박한 생계를 보조하는 일을 넘어, 우리 사회 전체의 신뢰를 단단히 하는 일임을 잊지 않겠습니다.

2021년 6월 23일

유라시아 대륙 누비는
통일철도 시대를 앞당겨야

오늘은 127주년 철도의 날입니다. 1894년 6월 28일 우리나라 최초 철도기관인 의정부 공무아문 철도국이 창설된 날을 기념하여 2018년 새롭게 지정되었습니다. 전에는 일제가 부설한 경인선 개통일인 9월 18일이 철도의 날이었습니다. 철도의 날에 얽힌 사연만 보아도 우리의 굴곡진 근현대사를 느낄 수 있습니다.

2018년 4월 판문점에서 남북 정상이 "끊어진 민족의 혈맥을 잇고, 공동번영과 자주통일의 미래를 앞당기자."라고 선언했듯이 식민과 수탈, 전쟁과 분단의 상징이었던 과거의 철도는 한반도 평화와 번영의 마중물, 기후위기를 대비하는 미래의 교통수단으로 주목받고 있습니다.

대한민국은 세계 5번째 고속철도운영국이자 고속철도차량 제작 기술을 보유한 강소국입니다. 유라시아 관문인 우리 철도의

지정학적 장점을 극대화한다면 철도산업은 물류 혁명을 선도하는 한반도의 새로운 성장동력이 될 것으로 기대하고 있습니다.

하지만 남북철도 연결사업이 수년째 답보하고 있어 안타깝습니다. 철도의 날을 맞아 우리 철도가 하루빨리 유라시아 대륙을 누비는 통일철도 시대를 열어나갈 수 있기를 기원합니다. 전 세계 온실가스 배출량의 14%가 교통부문에 나오는 상황에서 친환경 교통체계로의 전환은 선택이 아니라 필수이며, 지역이나 경제적 이유로 차별받지 않고 보편적 이동권을 보장하는 것이 철도 공공성의 요체입니다.

불필요한 중복투자와 비효율을 과감하게 걷어내고 소외된 지역 없이 전국민이 안전하고 편리한 고속철도서비스를 이용할 수 있도록 모두 함께 노력합시다. 정부도 지금 당장 할 수 있는 조치들을 신속하게 집행해 주시길 당부드립니다.

127년 철도를 지켜온 관계자 여러분들의 노고에 감사드리며 이 시간에도 전국에서 땀 흘려 일하고 계신 철도노동자들의 안전을 기원드립니다.

2021년 6월 28일

한반도 평화를 향한
또 한 번의 역사가 쓰여졌습니다

감격스럽고 놀라운 만남이었습니다. 훗날 역사는 오늘을 어떻게 기록할까요?

한미 정상이 나란히 DMZ를 방문한 것도, 남북미 정상이 판문점에서 만난 것도, 북미 정상이 남측 자유의집에서 회담을 한 것도 사상 처음 있는 일입니다.

불과 3년 전만 해도 상상도 못 했을 일입니다. 문재인 대통령과 우리 정부의 노력이 없었다면 탄생하기 어려운 장면이겠지요.

앞으로 넘어야 할 산이 높겠지만 오늘처럼 만남과 대화의 끈을 놓지 않는다면 목적지에 도달할 지혜도 충분히 마련할 수 있으리라 봅니다. 아무쪼록 오늘의 만남이 한반도 평화를 위한 큰 이정표가 되길 바랍니다.

경기도도 평화를 앞당기기 위한 노력을 멈추지 않겠습니다.

2019년 6월 30일

역사를 만든 혜안과 용기,
그리고 결단

2000년 6월 남북의 두 정상이 평양 순안공항에서 얼싸안던 때의 환호성이 아직도 귀에 들리는 듯합니다. 6.15 공동선언과 한반도의 평화는 하루아침에 탄생하지 않았습니다.

무려 30년이었습니다. 김대중 대통령님께선 1970년 10월 16일 미중소일 4대국의 한반도 전쟁 억제 보장, 남북한의 화해와 교류 및 평화통일, 예비군 폐지 등을 담은 대선공약을 내놓으셨습니다. 북진통일 이외의 모든 통일론이 불온시 되고 동서 냉전과 군비 경쟁이 가장 첨예했던 때였지만, 그때 이미 김대중 대통령님께서는 시대의 흐름을 보고 계셨습니다.

불과 2년 뒤인 1972년 미국 대통령의 첫 중국 방문이 있었고 소련과의 무역협정 및 핵무기 개발 제한을 위한 협정(SALT)이 체결되면서 데탕트의 시대가 열렸습니다.

이렇게 김대중 대통령님께선 미래를 내다보며 시대를 한발 앞서 준비하셨고 그 모든 노력은 결국, 한반도에 살아야 하는 국민의 삶이 나아지도록 하기 위함이었습니다.

대통령 재임 시절에도 김대중 대통령님께선 참모들과 밤샘 회의를 하며 정국 운영을 준비하셨습니다. 1998년 취임부터 퇴임 시까지 김대중 대통령님께서 1,2,3 번호를 붙여가며 메모하신 노트가 27권이었다고 합니다. 세계인이 존경하는 거인은, 그렇게 국민을 위해 노심초사(勞心焦思)하며 한반도 평화와 민생을 전진시키기 위해 작은 숫자와 통계 하나하나까지 챙기셨던 어머니 같은 마음의 소유자였습니다.

6.15 남북공동선언 21주년인 오늘, 당신의 위대한 발걸음과 뜨거웠던 마음을 잊지 않겠다 다짐합니다.

2021년 6월 15일

남북 통신선 복원!
남북, 북미정상회담으로 이어지길 희망합니다

어제 13개월 만에 남북 간 통신 연락선이 복원됐습니다.

미국 바이든 정부도 환영 입장을 밝혔습니다. 어려운 상황임에도 인내심을 갖고 북한을 설득해 온 문재인 대통령님의 큰 성과입니다. 진심으로 감사의 말씀을 드립니다.

여기서 머물러서는 안 됩니다. 남북 간 신뢰를 기반으로 더 속도를 내야 합니다. 유선 통화가 화상대화로 이어지고, 남북정상회담, 북미정상회담이 개최돼 기존의 남북, 북미정상 합의사항들이 빠짐없이 실현되기를 바랍니다.

임기 말이지만 그동안 남북관계에서 쌓아온 문 대통령님의 성과를 본다면 충분히 가능한 일이라 생각합니다. 이번 정부가 닦아놓은 토대 위에서 차기 정부가 한반도 비핵화 실현, 한반도 평화체제 구축의 새 시대를 열어가면 좋겠습니다.

윤석열, 최재형 후보의 목불인견 행태, 참으로 개탄스럽습니다.

"북 심기 살피면 핫라인 복원 의미 있나"(윤석열)

"우리 정부가 진정으로 대한민국의 자유와 평화를 지킬 의지가 있는지 묻고 싶다"(최재형)

"위기가 찾아올 때면 쓰는 북한 치트키"(원희룡)

온 국민이 환영하는 일인데 야권후보들은 싸늘하다 못해 저주에 가까운 반응을 내놓고 있습니다. 특히 윤석열, 최재형 두 후보의 발언은 언급하기조차 민망스러운 지경입니다.

불과 한 달, 불과 4개월 전 그들은 문재인 정부 최고위직 공직자였습니다. 본인이 몸담은 정부의 대북정책에 대해 이런 인식을 가지고 어떻게 그 자리에 있었는지 의문입니다.

핫라인 복원이 의미가 없다면 핫라인 없던 대결 시대로 돌아가자는 것인가요? '대한민국의 자유와 평화를 지킬 의지가 없는 정부'지만 본인의 입신양명을 위해 감사원장을 했다는 얘기인가요? 일말의 양심조차 없는 망언입니다.

잘한 것은 잘했다 칭찬하는 정치를 하면 좋겠습니다. 아무리 정치적 욕심을 내야 할 시기라지만 최소한의 금도를 지키길 바랍니다. 국민이 지켜보고 계십니다.

2021년 7월 28일

〈편집후기〉

이재명의 공약(公約) 이전에
사약(私約)이 있었다

　내가 이재명 지사에게 관심을 두게 된 것은 2016년 10월 29일 박근혜 하야 및 퇴진 촉구 집회에서 한 연설이었다. 그 이전에도 성남시장의 명성은 익히 알고 있었지만, 정치인 이재명의 진면 목을 보게 된 것은 이날 집회에서 그가 토해낸 사자후였다. 이재 명은 촛불집회 시작부터 박근혜의 즉각적인 하야와 구속을 주장 했다. 다른 유력한 정치인들보다 최소 2개월은 앞선 주장이었다. 그만큼 이재명은 선명했다.

　이후 나도 다른 이재명의 지지자들처럼 '이재명 페이스북'을 자주 보아왔다. 지금은 이재명의 대표적인 대선공약이 된 기본소 득, 기본주택, 기본대출(기본금융)의 정책들은 성남시장 시절부터 지금까지 이재명 페이스북에 자주 등장하는 주제였다.

　이 책에는 2018년 경기도 지사직을 수행하면서 역점을 두었던 사업의 성과들과 새로운 대한민국을 만들고자 하는 그의 열정이

고스란히 담겨 있다.

페이스북에는 이재명이 어떤 생각을 하는지, 어떻게 실천하려고 하는지에 대한 모든 것이 있다 해도 과언이 아니다. 정치, 경제, 노동, 사회, 문화, 인권 등에 관한 다양한 그의 의견과 그의 사적인 개인사들이 가감 없이 채워져 있다.

지금은 20대 대통령선거의 후보로서 캠프 차원에서 다양한 공약들을 발표하고 있지만,『이재명의 페이스북』은 후보가 되기 이전부터 페친(페이스북 친구)들과 국민께 이재명이 펼치고자 하는 혁신적인 정책들에 대한 일종의 사약(私約)을 집대성한 것이다. 이재명의 공약과 사약을 비교해서 읽는 재미도 소확행의 기쁨을 줄 것이라고 믿는다.

이재명의 정책들은 하루아침에 나온 것이 아니다. 이재명의 대선 공약이 발표될 때마다, 이재명의 페친들은 이미 페이스북에서 보아왔던 내용이라 더욱 믿음이 가고 기대가 간다.

『이재명 페이스북』의 출간을 허락해주신 이재명 후보님께 감사드리면서, 이 책이 정치인 이재명, 인간 이재명을 이해하는 데 도움이 되길 바란다.

2021년 8월

백승대

일도 잘하는
이재명

그동안 진보는 정의감은 있어도 능력은 떨어진다는 프레임에서 자유롭지 못했다. 그래서일까 진보정권이 집권할 때마다 결코 개혁적이지 못한 관료사회와 타협하면서 떨어지는 능력을 보충하려고 했다. 그렇다보니 지지자들의 눈높이에 비해서 더딘 성과로 실망감을 안겨주는 경우가 많았다.

그런데 이재명은 그동안 진보진영에서 봐왔던 정치인 중에서 매우 독특한 케릭터를 갖고 있다. 사실 자체가 왜곡된 이미지로 결코 동의할 수 없지만, 이재명은 도덕성이 약하다고 공격당하고 있는 와중에도 일은 잘한다는 강렬한 이미지를 심어주었다.

일을 잘한다는 이미지는 어느 하나만 운 좋게 잘했다고 해서 만들어지는 것이다. 매우 많은 사례가 쌓이고 쌓여서 만들어지는 것이 아니다. 하루아침에 만들어지는 것이 아니라는 것이다.

이재명의 성공한 정책들을 보면 서민의 삶과 밀접한 관련이 있는 것들이 많다. 다른 정치인들이 보기에는 자잘한 것들을 잘 챙겼다. 너무나 유명한 계곡정비를 포함하여 어린이집 과일제공, 극저신용자대출 등 서민의 삶과 밀접한 사업들을 성공적으로 수행했다.

이재명은 왜 진보가 유능해야 하는지, 그리고 얼마나 유능할 수 있는지를 증명해왔다. 이재명의 기본소득, 기본주택, 기본대출 역시 서민의 삶을 한 단계 높일 수 있는 정책이고, 저항이 있지만 미래를 위해서 반드시 가야할 길이다. 이재명은 그동안 사업을 추진하면서 엄청난 저항을 받아왔지만, 그만이 갖고 있는 강한 추진력과 협상력으로 슬기롭게 마무리했다.

이 책을 엮으면서 여기에 실린 글보다 훨씬 많은 글을 읽었다. 그 글을 읽을 때마다 이재명이 전혀 다른, 새로운 대한민국을 만들기 위하여 매일 매일 얼마나 깊이 있게 고민했는지 알 수 있었다. 이재명은 결코 일은 잘하는 정치인이 아니었다. 이재명은 일도 잘하는 정치인이라는 것을 느낄 수 있었다.

이 책의 엮음 저자로 참여할 수 있게 되어서 매우 행복했던 시간이었다.

2021년 8월

이송원

아픔의
연대의식

내가 이재명이라는 정치인을 안 것이 정확히 언제부터였는지 기억이 안 난다. 그런데 싫어했었던 것은 기억난다. 2017년 대선 때 당시 문재인 후보를 공격하는 모습에서 나는 대번 알아보았다. 저 사람 상처 많은 사람이구나. 주변의 40대 남자들(남편을 포함하여 도련님, 지인들)은 이재명에 열광했지만 나는 그 공격성이 몹시 불편했다.

이제 4년이 흘렀다. 이재명은 두 번의 성남시장을 거쳐 대한민국에서 가장 큰 광역자치단체인 경기도지사가 되었고 경기도민뿐 아니라 전국민이 다 알 정도로 도지사직을 효능감 있게 잘 수행하고 있다.

자칭 정치 고관여층인 나는 민주당과 문대통령을 지지한다. 그런데 4년 동안 내가 다음 대권을 이을 사람이라고 생각했던 소중한 정치인들이 스스로 혹은 정치적 공격으로 인해 무너져갔다. 그러면서 이재명을 주목하게 되었다. 법적 소송에 의한 정치적 공격, 신뢰성이라고는 1도 없는 연예인의 허위공격, 가장 가까운 형제의 공격에 악전고투하고 있는 이재명이 보였다.

그리고 다시 생각했다. 이재명은 왜 공격적 캐릭터가 되었나.

13살 소년공 재명이는 작업반장한테 수없이 맞았을 것이고, 공장 사장한테 월급을 많이 떼였을 것이다. 그런데 아무도 재명이를 안 도와줬을 것이다. 아무도 안 지켜주니까, 스스로 지킬 사람은 자신밖에 없으니까 갑옷을 입듯 스스로 무장하고 공격적으로 변한 것이다. 세상의 공격에 방어 하다 하다 반격을 하게 된 것이다. 나는 잘 안다. 왜냐면 내가 그랬으니까. 어린 시절 부모님이 일찍 돌아가시고 가장을 승계한 큰오빠는 나의 보호자가 아니라 내 권리를 침해하는 공격자였다. 다 그런 것은 아니었지만 학생을 사랑으로 가르쳐야 할 선생님에게서 맨 처음 세상의 차별을 배웠다. 그러면서 나는 스스로를 보호하기 위해 공격성을 장착해 갔다. 전투적으로 살았다. 싸움닭이 되었다. 다행히 다른 형제들이 나 대신 고생을 감수하면서 나는 큰 고생 없이 서울로 유학을 와서 대학까지 무난히 다녔지만 언제나 세상과는 전쟁하는 마음으로 살았다. 내 삶은 이재명 지사와 달리 개인적인 영역에 한정되어 있지만, 이재명 지사의 기질과 너무 닮아 있다.

이재명은 비록 프레스 기계에 눌려 팔이 비틀리는 장애를 얻었어도 마음은 곧은 사람이다. 나는 이제 그를 보아도 불편하지 않다. 측은하다. 단단하게 차려입은 공격적이고 방어적인 갑옷 속에 여린 그의 속사람이 있는 것을 안다. 이재명의 성남시장 시정, 경기도정에서 나온 복지정책은 그가 겉에 입고 있는 갑옷으로부터 나온 것이 아니라 그의 여리디여린 속사람으로부터 나온 정책이다. 학생들 과일급식, 교복, 청년수당 등은 본인이 겪은 가난과 아픔을 다른 사람들은 더는 그런 어려움을 겪지 않게 하고자 하는 진정성이 있고 구체적인 행정이다.

이재명 지사의 공약 이행률은 90%가 넘는다. 더불어민주당은 180석의 거대정당임에도 국민이 명령한 개혁입법을 하지 않고 있다. 나는 그 차이가 정치인이 정치하는 궁극적인 목적이 무엇인가에 있다고 생각한다. 이재명은 시장, 도지사, 대통령 그 자리 자체에 목적이 있는 것이 아니라 그 직에서 할 수 있는 일, 국민을 위해 할 수 있는 일에 관심이 있는 것이다. 그렇기 때문에 시장직, 도지사직에 가면 본래 하고자 했던 일을 하는 것이다. 이재명은 대통령이 되어도 대통령이 국민을 위해 할 수 있는 일을 할 것이다.

더불어민주당 국회의원들 중 많은 사람은 입법기관으로서 국민을 위한 입법 활동이 목적이 아니라 국회의원 그 자체가 목적인 사람들이 상당한 거 같다. 그렇기 때문에 선거유세 때는 유권자들이 원하는 공약을 남발하고 일단 자리를 꿰차면 본인의 목적이 달성되었기 때문에 개혁 입법 따위는 망각하거나 관심이 없다, 본래 본인의 목적이 국민을 위한 입법활동이 아니라 국회의원 자리였기 때문이다. 이재명 같은 정치인을 공익추구형 리더라고 하고 그 반대되는 사람을 사익추구형 권력가라고 한다. 이재명은 공격적인 것 같지만 속은 여린 가슴 따뜻한 공익추구형 리더이다. 바로 우리에게 필요한 대한민국 다음 대통령이다.

긴 법적 다툼에서 무죄를 선고받은 날 이재명은 문재인 정권의 성공을 위해 최선을 다하겠다는 말로 문 대통령과 민주당 지지자들에게 용서와 화합의 악수를 청해왔다. 나는 그날 이재명에 대해 오래 생각했고, 그때부터 이재명이라는 정치인을 비로소 자세히 보았다. 그리고 그의 아픔을 보았다. 어린 재명이가 감당하기 어려운 가난과 세상의 폭력, 그리고 가장 가까운 가족(형)이 치명적인 공격을 해올 때 겪는 아픔. 나는 이재명의 아픔과 내 불우한 어린 시절이 오버랩되면서 이재명이라는 정치인에게 연민 혹은 연대의식 같은 것을 느낀다.

2021년 8월 22일 책 출간을 앞두고 이재명 지사의 고향인 경북 안동시 예안면 도촌리 지통마(지통마을)를 방문했다. 초등학생 이재명이 매일 다녀야 했던 삼계초등학교(지금은 월곡초등학교 삼계분교)에서 이재명의 생가터가 있는 곳까지는 계곡길을 따라 6km를 올라가야 했다. 지금은 다행히 자동차가 다닐 수 있는 포장길이 생겼지만, 이재명이 다닌 길은 비포장 산길이었을 것이다. 그 작은 발로 이 먼 길을 매일 다니는 것이 얼마나 힘들었을까. 지통마는 다섯 가구가 사는 작은 마을이다. 사람이 떠난 폐가 두 채가 눈에 들어왔다. 마을 앞에는 계곡이 있었다. 지금은 물이 그리 많지는 않았지만, 계곡의 폭으로 보아 40여 년 전에는 시원하고 맑은 계곡물이 흘렀을 듯하다. 소년 이재명이 친구들과 수영하고 가재도 잡고 징거미도 잡으면서 노는 놀이터였으리라.

사방을 둘러봐도 절벽과 비탈밭, 산뿐인 그곳은 여행자인 내게는 산세가 험준한 한국적 지연경관의 미학이지만, 소년 이재명에게는 척박과 가난밖에 없던 아픈 고향이었을 것이다. 마을 주민의 설명에 의하면 지통은 종이 만드는 닥나무를 삶던 큰 통을 말하고 마는 마을을 줄여 말하는 경상도식 표현이라고 한다. 주민두 분과 대화를 나누었는데 이재명의 생가터, 지금은 텃밭인 곳을 알려주었다.

내가 이 책의 출간에 참여하게 된 것은 '이송원TV' 민주당 지지자 모임에서 백승대 매직하우스 대표를 만나게 된 것이 계기다. 백승대 대표와 나는 참척의 고통을 겪은 아픈 가족사의 공감대가 있다. 그리고 내가 이재명이라는 정치인에게 주목하게 된 이유도 어쩌면 그의 아프고 불우한 어린 시절을 알고 공감했기 때문일 것이다. 나는 이를 아픔의 연대의식이라고 칭해본다. 나와 백승대 대표는 아픔을 딛고 개인적인 삶을 열심히 살고 있다. 이재명은 지독히도 열악한 환경을 뚫고 대한민국 정치 중심부로 와서 개인적인 아픈 경험들을 공적인 부분으로 확장하고 승화하여 대한민국을 업그레이드하고 있다. 나는 이재명이 대통령이 되기를 지지하고 대통령직을 잘 수행하기를 지지하고 퇴임 후에도 원로 정치인으로서 대한민국의 어른 역할을 잘 해주기를 지지할 것이다. 이재명은 이제 언론의 공격에 발끈하지 않는다. 세상의 공격에 버럭하지 않는다. 싸우자고 달려드는 상대의 프레임에 얽이는 싸움닭이 아니다. 끊임없이 싸움을 걸어오는 상대와 상관없이 본인 일에 열중한다. 경기도지사직과 대선 경선에 묵묵히 임하는 이재명을 보고 있으면 목계(木鷄)의 덕(德)이 느껴진다.

이 책을 엮을 수 있도록 허락해주신 이재명 경기지사님께 진심으로 감사드린다. 그리고 염치없는 부탁을 드린다. 아직 가슴에 남아있는 자신을 향한 측은지심, 그 슬픔은 대통령직을 잘 수행하고 난 어느 날 꺼이꺼이 우시면서 털어내시라고, 슬픔을 조금 더 견디시라고 말씀드린다.

2021년 8월

이수현